숨 고르기

숨 고르기

지은이 | 김관선
초판 발행 | 2026. 1. 21.
등록번호 | 제1988-000080호
등록된 곳 | 서울특별시 용산구 서빙고로65길 38 두란노빌딩
발행처 | 사단법인 두란노서원
영업부 | 02)2078-3333   FAX | 080-749-3705
출판부 | 02)2078-3331

책값은 뒤표지에 있습니다.
ISBN 978-89-531-5247-2   03230

독자의 의견을 기다립니다.
tpress@duranno.com   www.duranno.com

두란노서원은 바울 사도가 3차 전도여행 때 에베소에서 성령 받은 제자들을 따로 세워 하나님의 말씀으로 양육하던 장소입니다. 사도행전 19장 8-20절의 정신에 따라 첫째 목회자를 돕는 사역과 평신도를 훈련시키는 사역, 둘째 세계선교(TIM)와 문서선교(단행본·잡지) 사역, 셋째 예수문화 및 경배와 찬양 사역, 그리고 가정·상담 사역 등을 감당하고 있습니다. 1980년 12월 22일에 창립된 두란노서원은 주님 오실 때까지 이 사역들을 계속할 것입니다.

숨 고르기

두란노

'아니 목사님이 이런 고백의 글을?'

글을 읽으면서 그동안 알고 있던 목사님의 이미지와 참 다르다는 생각을 했습니다.

인문학자이자 작가인 저의 시선에서 저자인 김관선 목사님은 탁월한 설교자입니다. 성경 말씀을 객관적이고 통찰력 있게 해석할 뿐만 아니라 신앙과 삶, 현실을 균형 있게 연결합니다. 목사님의 설교는 폐쇄적인 종교 담론에 갇히지 않고 교회 밖 세상에서 신앙인으로서의 올바른 자세를 죽비 소리처럼 깨웁니다. 한국 교회가 세속화와 대형화, 정치화되고 있는 현실에서 목사님은 숫자보다 본질을, 성장보다 건강함을, 권력이 아닌 낮은 자리를 말씀합니다. 설교를 듣다 보면 시대와 씨름하는 설교자이자 좌우로 치우치지 않는 균형 감각을 갖춘 한국 교회의 소중한 지도자임을 느끼게 합니다. 주일마다 전하는 말씀은 신앙인으로 살게 하는 소중한 나침판이 되어 왔습니다. 목사님은 완벽한 설교를 지향하는 만큼 완벽주의자의 모습도 보였습니다. 뜨겁고 열정적이며 쉼 없이 달려온 분, 그것이 제가 아는 목사님입니다.

그런데 그런 목사님이 오랜 목회와 삶의 여정을 돌아보며 이전과는 전혀 다른 느낌의 글을 썼습니다. 늘 열정과 헌신을 강조하던 목사님이 '쉼'을 말하고, 후회와 미안함이라는 단어를 쓰며, 인간적인 고백을 담아냈습니다. 설교자의 자리에서 내려온 언어로, 설교집이 아닌 자기 성찰의 신앙 고백록을 썼습니다. 글의 고백이 가볍게 다가오지 않는 이유입니다.

책에서 목사님은 이렇게 고백합니다. "칠십이 되고 나니 그 숨 고르는 시간조차 아까워하며 살아온 어리석음을 깨닫는다." 평생 열정으로 달려온 사역자가 사역의 끝자락에서 깨달은 것은 역설적으로 쉼의 가치였습니다. 쉼이야말로 하나님이 인간에게 부여하신 질서라고 말합니다. 이 고백은 후회의 언어가 아니라 제자의 길을 통과한 사람만이 말할 수 있는 인식의 전환이란 생각이 들었습니다. 사역의 끝에서 드러나는 것은 성과가 아닌 새로운 시작이기에, 평생 앞만 보고 달리느라 놓친 것들에 대한 미안함이, 하나님 앞에서 진솔하게 용서를 구하는 언어로 나타난 건 아닐까 짐작합니다.

목사님은 또 이렇게 고백합니다. "나는 아직도 배우는 중입니다." 강단에서는 늘 정답을 외쳤지만, 인간으로서의 성직자는 주님 앞에서 연약한 한 인간임을 말하고 싶었나 봅니다. 이제 강단의 권위를 내려놓고 가르치는 자리에서 내려와 성도들과 같은 높이에서 소통하려 합니다. 목사로서가 아닌 인간 김관선의 진솔한 내면이 오히려 더욱 친근하게 다가옵니다.

이 책은 제게 성공한 목회자의 행복론이 아니라 쉼 없이 달려온 성직자의 참회록으로 읽힙니다. 바로 그 진솔한 고백이야말로 이 책의 진정한 가치이자, 목회자와 성도는 물론 비신자들까지 꼭 읽어야 하는 이유입니다.

이 책은 한국 기독교가 오래 붙들어 온 열심과 성과 중심의 신앙 윤리를 안에서부터 반성하게 합니다. 하나님은 일을 재촉하시는 분이 아니라 인간을 누워 쉬게 하고 숨 쉬게 하시는 분임을 깨닫게 합니다. 오늘날 한국 교회가 겪는 위기를 미화하지 않고 정면으로 마주함으로써, 한국 교회가 나아갈 방향을 고민하게 만듭니다.

많은 목회자의 글이 '이렇게 하라'고 가르치지만, 이 책은 강단에서 내려와 성도 옆에 조용히 앉아 "나도 이렇게 살아가고 있어요"라고 말하는 듯합니다. 성도들을 가르치려 하지 않고 같은 벤치에 앉아 풍경을 함께 바라보며 미안한 마음을 용기 있게 고백합니다.

무엇보다 이 책엔 일상의 현상을 특별하게 보는 목사님의 영안(靈眼)이 잘 나타나 있습니다. 일상의 사건과 현상을 신앙적 교훈과 신학적 성찰로 연결함으로써 독자는 생활 속에서 영적 의미를 발견하는 지혜의 눈을 기르게 됩니다.

이 책은 기독교의 언어를 바탕으로 하되 종교 내부의 갇힌 어휘에 머물지 않습니다. 교회 안의 신자만을 독자로 상정하지 않고 주님이 구원하고자 하는 모든 인간에게로 확장됩니다. 부모 세대와 자녀 세대가 신앙 대화를 나눌 때 좋은 도구가 될 것이며, 기독교를 잘 모르는 사람이라면 일상의 언어 속에 담긴 은밀한 성경적 교훈을 통해 하나님을 궁금해할 것입니다.

강한 목회자 이미지 뒤에 가려진 목사님의 또 다른 참모습인 진솔함과 따뜻한 인간애를 이 책을 읽는 분들도 함께 느꼈으면 좋겠습니다.

박수밀 안수집사
| 산정현교회 청소년부 교사·고전학자·한양대학교 연구교수 |

목 차

part1.

쉴 때 얻게 되는 것 … 15

누구나 '숨 고르기'가 필요합니다 ○ 빨간 느낌표가 뜨기 전에 충전하세요 ○ 쉼은 하나님의 방식입니다 ○ 빌딩 사이에도 공원이 필요하듯이 ○ 하나님도 안식하셨는데 내가 워커홀릭이라니 ○ 알고보면 부드러움 이 강함입니다 ○ 쏜살같이 지나온 시간입니다

part2.

행복을 부르는 삶 … 37

얼굴은 그의 삶의 캔버스가 아닌지요 ○ 행복은 떠남이 아니라 사랑 에서 옵니다 ○ 확실한 행복은 강도보다 빈도입니다 ○ 받아들이는 지혜를 배웁니다 ○ 닥치지도 않은 일을 왜 두려워합니까 ○ 하나의 반 대표가 내게는 복이었습니다 ○ 미움받는다고 너무 슬퍼하지 마세요

part3.

짙은 밤을 보내는 법 … 55

계속 달려가다 보면 반드시 출구가 나옵니다 ○ 내 인생 코앞만 보고 결정하지 마세요 ○ 인생이 나를 흔들어 주니 고맙습니다 ○ 길게 보 면 장애물도 유익이 됩니다 ○ 외로워 보니 혼자 살 수 없다는 걸 알았 습니다 ○ 내 믿음에 흔들리지 않는 편안함이 있습니까 ○ 기도가 도 깨비 방망이는 아니잖아요 ○ 아침의 찬란함을 더욱 기대합니다

지난 1994년 12월 27일, 난 서초동으로 이사했다. 그리고 31일 밤 송구영신예배가 산정현교회 사역의 시작이었다. 그로부터 서른두 번의 송구영신예배를 흔적으로 남겼다.

해를 보내고 새해를 맞듯 산정현교회에서의 사역을 마치고 새로운 삶과 사역을 시작한다. 돌아보니 감사할 것으로 가득하다. 목사 안수를 받은 지 만 1년 만에 90년의 역사를 지닌 교회의 담임목사가 된 것으로부터 31년 동안 변함없이 한 교회에서 사역할 수 있었다는 것은 분명히 보통의 은혜는 아니다.

그런 감사한 마음이 31년을 주님 앞에 있을 수 있게 했다. 그 마음과 삶을 글로 쓰며 매 주일 주보와 묵상집에 담았다. 특히 기독신문 주필 칼럼인 '크리스찬 랩소디'에 5년여에 걸쳐 매주 게재했었다.

이 칼럼집에는 그렇게 쓴 글을 담았다. 신문 독자들로부터 많은 격려를 받았던 기억이 감사함으로 남아 있고 주필로서의 펜을 놓으며 돌아보니 부끄러운 마음도 들었지만, 독자들의 격려에 힘입어 출판을 결심했다.

《숨 고르기》라는 제목은 31년 동안 나의 삶에서 그때마다 숨을 고르지 않았다면 달릴 수 없었다는 마음의 표현이다. 이제 크게 숨을 고르는 시간이 왔다. 그렇게 숨을 고르고 나니 늘 곁에서 든든한 힘이 되어 준 산정현교회 성도들을 비롯하여 감사한 사람들이 너무 많음을 깨닫는다. 그러나 일일이 표현하기에는 역부족이기에 이렇게나마 감사를 전한다.

아내와 두 자녀에게도 고마움을 표하고 싶다. 늘 내 곁에 있었기에 숨을 고르는 데 답답하지 않았다. 큰 숨을 내쉬면서 역동적으로 뛰게 한 힘이다.

마지막으로 귀한 그림으로 이 책의 가치를 높여 준 최재영 장로님과 박현숙 권사님 두 분께 감사를 표한다.

좋은 사람을 내 곁에 주신 하나님을 찬양하면서 그동안 나의 글을 읽고 격려해 준 분들께 다시 음미할 기회를 드린다.

2026년 1월
김 관 선

part1.

쉴 때 얻게 되는 것

○

누구나 '숨 고르기'가 필요합니다.

가쁜 숨을 가라앉히고 순조롭게 가다듬는 일을 '숨 고르기' 라고 한다. 이 말의 사전적 정의를 보면 '바쁜 일에서 잠시 여 유를 얻어 일의 진행을 순조롭게 다듬는 것'이다.

숨 고르기는 호흡을 조절하여 심신에 안정을 되찾게 해준 다. 약속 시간에 늦어 바쁘게 뛰고 난 후에나, 정거장으로 들 어오는 전동차를 놓치지 않으려고 달려 마침내 열차에 올라 타고 난 후에는 반드시 숨을 고르곤 한다. 작정하지 않아도 몸이 알아서 하는 일이다.

숨 고르기는 우리 몸에만 필요한 것이 아니다. 심리적 숨 고 르기도 필요하다. 마음이 분주하여 안정되지 않을 때 잠시 숨 고르기를 통해 몸과 마음의 안정을 되찾곤 한다.

정신없이 뛰기만 한다고 목적지에 빨리 도착하는 것이 아니다. 부지런히 일만 한다고 인생에 성공하는 것도 아니다. 아무리 바쁘고 일에 치일 때에도 잠시 숨 고르기가 필요하다. 지금 내가 바쁘게 하는 이 일이 꼭 필요한지, 또 꼭 그 시간에 맞춰야만 하는 일인지도 생각할 필요가 있다. 그것이 바로 숨 고르기다.

나는 천성이 빠르게 움직이고 또 바쁜 일상을 버거워하지 않는다. 그런 나에게도 숨 고르기는 반드시 필요했다. 잠시 멈춰 서서 숨을 고르다 보면 마음이 안정되곤 했다. 그뿐인가. 일의 효율도 오르고 실패 가능성도 줄일 수 있었다. 그렇지만 때때로 잠시 멈춰 숨 한번 크게 쉬는 시간조차 갖지 못할 때가 많았음을 이제야 깨닫는다. 칠십이란 나이가 되고 나니 그 숨 고르는 시간조차 아까워하며 살아온 어리석음을 깨닫는다.

영적으로도 숨 고르는 시간인 '묵상'이 필요하다. 말씀도 음미하고 기도도 하고 주님의 깨우치게 하시는 음성에 귀를 기울이는 그것이 바로 영적 숨 고르기다. 이제야 가쁜 숨을 가다듬으며 숨 고르기의 중요성을 깨닫다니, 참 정신없는 인생을 살아온 모양이다.

○

빨간 느낌표가 뜨기 전에 충전하세요

휴대전화를 사용하면서 볼 수 있는 빨간 느낌표가 있다. 배터리 전력을 거의 사용했다는 경고 표시다. 그 표시가 나타난다면 이제 배터리는 5퍼센트나 남았을까? 전화 한 통이나 제대로 걸 수 있을까? 그럼에도 그 휴대전화를 계속 사용하면 배터리의 남은 힘조차 소진하여 굿바이를 고한다.

빨간색 느낌표가 나타나기 전에 배터리를 충전하면 좋겠지만, 그러지 못했다면 빨리 전원을 찾아야 한다. 충전 케이블에 연결하는 것 말고는 다른 방법이 없다. 그렇게 하지 않으면 아무리 좋은 휴대전화라도 사용 불가 상태에 빠지고 만다. 충전을 하면 점차 배터리 용량이 올라가는 것이 보인다. 50, 80, 그리고 마침내 100! 죽어 가던 전화기에 생명력이 느껴지면서 언제든 사용 가능하다는 자신감도 꽉 채워진다.

내가 그렇다. 죽어라고 열심히 뛰다 보면 내 안에 빨간 느낌표가 켜진다. 흔히 '번 아웃'(Burn Out)이라고 한다. 쓸 수 있는 에너지가 다 타버려 더는 버티기 어려운 상태다. 빨리 밥을 먹든지 잠을 자든지 해야 비로소 다시 살아난다.

그러기에 휴대전화의 빨간 느낌표는 희망이다. 살아날 가능성이다. 빨리 충전하면 살 수 있다는 메시지다. 죽지 않고, 꺼지지 않고 살 수 있다며 어깨를 토닥인다. 만일 그런 신호가 없다면 죽는 줄도 모른 채 갑자기 쓰러질 것이다. 그러니 빨간 느낌표는 고마운 것이다.

내 삶에도 그런 경고가 눈에 보이면 참 좋을 텐데, 보이지 않으니 스스로 알아내는 수밖에 없다. 때로는 나만 모르고 주변 모든 사람이 알기도 한다. 좀 쉬라는 말이 들린다. 괜찮다며 오기를 부려 보지만 결코 괜찮지 않다.

그런데 정말 심각한 것은 영적 충전이 되지 않는 경우다. 방전되어 에너지가 바닥인 줄도 모른 채 잘난 듯 뛰어 다닌다. 나만 모르고 이미 주변 모든 사람이 알아차린다. 심지어 내 설교를 듣는 사람들조차 안다. 전화기야 전원만 꽂으면 되는데, 영적 상태는 그렇게 단순하지 않다. 늘 전원에 연결되어 있지 않으면 언제 꺼져 버릴지 모른다. 그래서 오늘도 영적 플러그가 제대로 꽂혀 있는지 만지작거려 본다. 내 영적 플러그가 하나님께 제대로 꽂혀 있는지….

○

쉼은 하나님의 방식입니다

글쓰기에 문장부호는 매우 중요하다. 특별히 긴 문장에서는 적절한 '쉼표'가 필요하다. 그것은 글 이해에 도움을 준다.

글쓰기에 쉼표가 있듯, 음악에는 '숨표'가 있다. 그 숨표를 잘 지켜 노래하면 곡이 담고 있는 느낌을 더 잘 살려 부를 수 있다. 아무 데서나 숨을 쉬거나 참으면 아마추어처럼 들린다. 한 마디를 다 마치지 못하고 숨이 딸리면 가사 전달도 채 되지 않는다. 그래서 성악가나 가수에게 숨표를 지키는 것은 절대적 필요다.

글쓰기의 쉼표와 노래의 숨표가 가진 공통점은 잠시 쉬어 간다는 것이다. 아무것도 안 하는 것 같으나, 그 짧은 쉼을 통해 표현하고자 하는 것이 분명해진다. 그리고 그것은 문장이나 노래의 '마침표'를 위해 꼭 필요한 것이다.

글이나 노래에만 쉼과 숨이 필요한 것은 아니다. 인생도 그렇다. 적당하게 쉬는 시간이 필요하다. 인생에서 숨을 길게 내쉬고 또 잠시 멈추는 시간은 멋진 마침표를 위해 꼭 필요하다.

난 지금의 교회에서 30년을 달렸다. 이제 그 마침표를 찍을 날이 다가오고 있다. 돌아보면 나는 인생과 사역의 멋진 마침표를 위해 적절하게 쉼표를 사용했고, 길게 숨을 내쉬기도 했다. 안식월을 갖거나 여행했고, 자주는 아니었지만 주일 설교도 쉬었다.

잠시 멈춰 쉬었던 시간, 숨 고르기의 시간은 결코 낭비가 아니었다. 긴 숨을 내쉬며 여유 부린 것은 사역의 활력을 더했고, 마침표를 지향함에 큰 힘이었다. 만일 이 시간을 낭비로 여겼다면 난 원하지 않거나 예상하지 못한 때에 인생이나 사역의 마침표를 찍었을 수도 있다.

내가 쉼표를 찍어야 할 때 못했더니 하나님이 강제로 쉬게 하셨다. 지치고 병들어서 며칠씩 쉬었다. 그래서 이제는 찾아서 쉰다. 병 나지 않았지만 입원하고 검사받고 영양을 공급받으며 푹 쉬었다. 잘 먹고 잘 자며 쉼표를 찍고 나면 온몸의 활력이 살아나 다시 일어나 달리기 두렵지 않았다.

하나님은 천지창조 후, 칠 일째 쉬셨다. 우리 인간에게 꼭 필요한 '쉼'의 원칙을 제시한 것이다. 쉬지 않아도 괜찮다고 생각한다면 교만한 것이다. 돌아보니 나는 교만할 때가 많았고, 그때마다 하나님은 여지없이 날 강제로 눕히셨다. 감사한 일이다. 눕히지만 다시 일어날 힘을 주신 하나님이다. 주일 준비를 계획대로 마무리한 이 시간, 잠이 잘 올 것 같다.

○

빌딩 사이에도 공원이 필요하듯이

미국 뉴욕 맨해튼에는 센트럴파크가 있다. 이름 그대로 도심 중앙에 자리 잡고 있는 거대한 공원이다. 그 넓이가 3.41제곱킬로미터나 된다. 여의도 전체 면적의 40퍼센트 정도이며, 독립 국가인 모나코보다 큰 규모다.

그 공원 안에는 기독교인들에게 익숙한 이름의 연못이 있다. 바로 '베데스다' 못이다. 천사의 형상도 있다. 마치 도심에서 피로에 지친 사람들을 치유한다는 의미가 있어 보인다.

그런데 그 넓은 땅을 공원으로 만드는 것이 쉽지 않았다고 한다. 고층빌딩이 빽빽하게 들어찬 맨해튼 한복판이다. 경제적 논리로는 그 비싼 땅에 공원을 만드는 것이 만만치 않았던 것이다. 우리나라도 공원보다 아파트를 더 많이 짓고 싶은 욕구가 이익을 추구하는 집단에게 있지 않은가?

그럼에도 경제 논리를 밀어내고 이 공원을 만들 수 있었던 이유가 있다. 그것은 "이것을 만들지 않으면 앞으로 100년 후에 이만한 크기의 정신병원을 지어야 할 것이다"라는 주장이었다.

그렇다. 그 넓은 공간은 경제적으로 환산할 수 없는 정신적 가치를 지닌다. 복잡한 도시 생활에 지친 사람들에게 심리적 위안을 주는, 마치 베데스다 못과 같은 치유 공간이다. 그러니 경제 논리로만 판단할 일은 아니다. 실제로 오늘날 우울증을 비롯한 정신질환을 호소하는 현대인이 늘어나고 있지 않은가?

아울러 센트럴파크를 통해 정신적 가치 외에 의외의 부수적 효과도 얻었다고 한다. 그것은 바로 맨해튼에 더 많은 건물이 세워지지 않게 한 효과다. 맨해튼은 여의도와 같은 섬이다. 현재 뉴욕의 건물 무게는 무려 7억 7,000만 톤이나 되어 매년 2밀리미터씩 가라앉고 있다고 한다. 만일 공원 자리에 빌딩들이 들어섰다면 그 무게를 이기기 힘들었을 것이다. 그러니 이 공원은 정신적 가치에 더해 물리적 가치까지 있는 것이다.

우리에게도 공원이 필요하다. 물리적 공간이 아닐지라도 정신적 공원은 바로 충분한 휴식일 것이다. 하나님은 밤을 주셔서 쉬며 피로를 회복할 시간을 갖게 하셨다. 거기에 더해 안식일까지 주셨다. 사람은 쉼이 필요한 존재인 것이다. 그런데도 나는 29년 동안 안식년 한 번 해보지 않았으니 얼마나 많은 피로의 무게가 쌓였을지 생각하면 스스로 측은지심이 든다. 공원은 복이다.

박 현 숙 그림

○

하나님도 안식하셨는데
내가 워커홀릭이라니

목회를 내려놓을 때가 되어서야 비로소 '쉼'의 가치를 깨달 았다. 참 아쉽다. 진작 알았다면 좀 더 역동적인 사역을 했을 텐데. 그러나 이제라도 깨달은 것이 얼마나 다행인가.

지난 해에는 안식월을 가지면서 대만으로 날아가 그곳에 머 물며 진정한 쉼을 누렸다. 남들이 맛있고 유명하다면서 차 타 고 먹으러 가는 것을 이해하지 못하던 내가 먹기 위해 차를 탔다. 그리고 좋으면 또 찾았다. 그야말로 N차 방문을 몸소 실천했다.

입에 콱 꽂힌 '패션후르츠'라는 열대과일을 조식으로 흡입 했다. 아침에 맛본 그것이 얼마나 맛있던지 저녁에도 또 테이블에 올렸고 매일 반복했다. 그렇게 한평생 해본 적이 없는 일을 하고, 입맛에 맞는 모든 것을 영접했다.

무엇보다 일찍 잠자리에 들고, 늦게까지 침대에서 쉬었다. 보통은 휴식 중에도 온라인 새벽기도를 했는데, 그때는 다 놓고 그냥 굴렀다. 해보니 꽤 괜찮았다. 이것이 진정한 쉼이라는 생각에 마음껏 게으름에 빠져 보았다.

'아, 이래서 하나님이 안식일을 만드셨구나' 싶었다. 인간을 위한 하나님의 매우 적절한 배려란 생각도 들었다. 그렇지만 사람은 안식보다는 일에 빠지곤 한다. 소위 '워커홀릭'(Workaholic)이다. 워커홀릭에 빠지면 사회적 지위는 높아질지 몰라도, 인간다움과는 멀어진다.

주변에서 나를 워커홀릭이라 지적할 때 난 오히려 '일 잘하는 사람, 놀기를 죄로 생각하는 사람'이라 자부했다. 그것이 창조 질서를 깬 것이며, 하나님 앞에 더 없는 교만이라는 것을 좀처럼 인정하지 못했다.

이제야 쉼을 깨우치게 하신 하나님께 감사하다. 그러고 보니 주님도 쉼을 명하시지 않았는가? 식사할 겨를이 없던 주님은 제자들과 함께 '쉬자'라고 제안하셨다(막 6:31).

그러나 나는 교인들에게도 쉼보다는 일을 강조했다. 내 말을 주님 말씀처럼 받는 교인들을 창조 질서를 함께 깨는 공

범으로 만든 것은 아닌지 미안하다. 충성, 헌신, 심지어 순교
는 많이 외쳤지만 쉼을 강조한 적이 있었던가? 물론 말로는
했을지 모르지만 삶이 따르지 않으니 얼마나 공허한 소리였
을지 걱정스러워 글로나마 잘못을 고백해 본다.

박현숙 그림

○

알고보면 부드러움이 강함입니다

건물의 창은 대부분 사각형이다. 그런데 비행기의 창은 왜 둥근 모양일까? 궁금했다. 여기에는 과학적 근거가 있단다. 1950년대 중반까지만 해도 비행기 창은 사각형이었는데, 연속된 비극적 사건 때문에 모양이 바뀐 것이라 한다.

영국 항공기 제작사인 '드 하빌랜드'(De Havil-land)가 제작한 최초의 제트여객기 '카미트'(Comet). 1949년 개발된 터보제트엔진 4기 장착에 40여 명의 승객을 태울 수 있는 카미트는 1952년 5월 첫 취항을 했다. 비행 초기에는 별문제가 없었다. 그러나 1953년 5월 2일 인도의 캘커타공항을 이륙하던 중 공중에서 기체가 분해되어 탑승객 43명 전원이 사망했다.

이듬해 1월 10일에도 로마 출발 런던행 비행기가 지중해 상공에서 또 폭발해 탑승자 35명 모두가 숨지는 비극이 이어졌다. 사고 원인을 찾지 못하던 중 1954년 4월 8일 로마발 카이로행의 같은 기종 여객기가 다시 지중해에 추락, 21명이 사망했다.

세 차례 추락 사고를 조사하는 중 회수한 파편에서 원인을 찾았다. 다름 아닌 사각형 창문 모서리에서 시작한 균열이 주변 동체로 퍼져 나갔던 것이다. 바로 '피로 파괴'(Fatigue Crack)라는 현상이다. 특정 재료에 하중을 반복적으로 가하면 처음 계획된 응력보다 낮은 응력을 가해도 부서지는 현상이다. 즉 네모난 창문 모서리에 팽창 압력이 집중되어 작은 힘에도 부서지는 피로 파괴가 생겼다는 결론이다.

이후 응력 집중을 최소화해 피로 파괴를 막는 방법들을 찾았다. 그중 가장 쉬운 방법이 모서리를 둥글게 만들어 응력이 골고루 분산되도록 하는 것이었다. 그렇게 바꾸고 나니 더는 피로 파괴로 비행기가 부서지는 사고가 일어나지 않았다. 둥근 창이 단순해 보여도 매우 중요한 비밀이 숨겨져 있었다.

내 인생은 어떤가. 각진 모서리처럼 딱딱하고 찌르듯 날카로움을 가지고 사는 것은 아닌지 돌아보자. 그런 각을 깎아내고 날카로움을 부드럽게 만들어 가는 것이 성숙한 인생이 아닐까? 그렇게 부드러움을 장착하면 약해 보이지만 실제는 훨씬 강한, 어떤 압력에도 쉽게 깨지지 않는 인생이 되지 않을까? "부드러움이 강함을 이긴다"는 말처럼.

최 재 영 그림

○

쏜살같이 지나온 시간입니다

〈서른 즈음에〉란 제목의 가요를 즐겨 들었던 적이 있다. 젊은 나이에 세상을 떠난 가수 김광석의 매우 감성적인 노래다. 곡도 곡이지만 강승원이 쓴 노랫말이 참 마음에 와닿는다. 2007년 음악평론가들이 선정한 최고의 노랫말이라고도 하니, 내 마음이 그 노래에 끌리는 것이 유난스러운 일은 아닐 것이다.

> "계절은 다시 돌아오지만 떠나간 내 사랑은 어디에.
> 내가 떠나보낸 것도 아닌데. 내가 떠나온 것도 아닌데.
> 조금씩 잊혀져 간다. 머물러 있는 사랑인 줄 알았는데.
> 또 하루 멀어져 간다. 매일 이별하며 살고 있구나.
> 점점 더 멀어져 간다. 머물러 있는 청춘인 줄 알았는데.
> 비어가는 내 가슴 속엔 더 아무것도 찾을 수 없네."

작가에게 물어본 적은 없지만 아마 인생에 대한 깊은 고민의 결과로 탄생한 좋은 시 한 편이 아닐까 싶다.

나도 어느새 교회 부임 서른 해를 훌쩍 넘겼다. 아, 서른! 길다면 길고 짧다면 짧을 수 있겠지만, 이 절대적인 시간에 대한 생각은 내게 감각적으로 다가온다. 어째 그 시간들이 그냥 흘러만 간 것 같은 느낌이 드는 것은 무슨 이유일까? 그냥 떠나보내거나 내가 그 시간으로부터 떠나온 것은 분명 아닌데 이 묘한 기분은 무엇일까?

그러고 보니 비단 이 교회에서의 시간 만은 아니다. 이 땅에 태어나 발을 디딘 지 예순이 훨씬 넘었다. 일흔을 바라본다. 서른을 두 번 이상 보낸 것이다. 그러고 보니 〈서른 즈음에〉의 가사는 꼭 서른을 갓 넘긴 청년들만 공감하는 내용은 아닌 모양이다.

한 해, 두 해 흐르며 쌓인 시간 속에서 '나'란 존재를 제대로 지켰는지 의심스럽다. 잃어버리고도 잃은 줄 모르고, 놓쳐버리고도 놓친 줄 모르는 무감각이 문제가 아니겠는가? 이제라도 정신을 차려 바로 서려고 하지만 나의 초라한 모습이 너무도 선명하게 보이는 것이 두려워 차라리 정신을 잃고 싶다.

나란 존재는 도대체 얼마나 살면 스스로에게 당당할 수 있을까? 어떻게 하면 지나온 인생이 조금은 덜 부끄러울 수 있

을까? 아무리 물어도 종내 답이 나오진 않으니 답답하기만
하다.

part2.

행복을 부르는 삶

○

얼굴은 그의 삶의 캔버스가 아닌지요

쉬우면서도 매력 있는 가곡 "얼굴"은 발표 당시부터 지금까지 대중으로부터 많은 사랑을 받아 왔다. 1967년 심봉석이 작사하고 신귀복이 작곡했으며, 윤연선이라는 가수가 이 곡을 불렀다. 노랫말에는 가수의 사연도 담겨 있다고 한다.

"동그라미 그리려다 무심코 그린 얼굴
내 마음 따라 피어나던 하얀 그때 꿈을
풀잎에 연 이슬처럼 빛나던 눈동자
…
무지개 따라 올라갔던 오색빛 하늘나래
구름 속에 나비처럼 나르던 지난날
동그랗게 동그랗게 맴돌곤 하는 얼굴"

노래를 들으면서 문득, 얼굴이란 모든 사람이 가지고 있는 자기만의 '캔버스'(canvas)가 아닐까 하는 생각이 들었다. 얼굴은 태생적으로 부모를 닮지만, 살아가는 동안 스스로 그려 내는 '캔버스'와 같다. 에이브러햄 링컨(Abraham Lincoln)은 "마흔이 되면 자기 얼굴에 책임지라"(Every man over forty is responsible for his face)는 말을 남겼다. 얼굴에는 그 사람의 인생 여정이 고스란히 담긴다는 의미일 것이다. 정말 그렇다. 사람이 살아가는 여정과 가치관, 비전 등으로 인해, 중후하고 멋진 인상이 되기도 하고 천박한 인상이 되기도 한다.

성경에도 '얼굴'이 묘사되고 있다. 성경은 요셉(창 39:6)이나 다윗(삼상 16:12)을 향해 그 얼굴이 아름다웠다고 기록한다. 비록 마흔이 되지 않았어도 그들의 얼굴은 빛났고, 그것을 기록자가 분명히 밝히는 이유가 있을 것이다. 건강한 꿈과 삶이 만들어 낸 얼굴이다.

거울을 본다. 칠십이 다가오는, 그리고 삼십 년 넘게 한 교회를 섬긴, 한 방향으로 바쁘게 달려온 나의 얼굴을 마주한다. 이 얼굴을 보는 이들은 무엇을 읽어 낼 것인지 궁금하다. 과연 주님의 얼굴이 내게서도 보일까? 주님을 바라본다. 그렇게 더 열심히 바라본다면 좀 더 닮을 것 같다. 토마스 아 켐피스(Thomas á Kempis)의 《그리스도를 본받아》는 그분을 '모방'(The Imitation of Christ)하는 것이 그분을 닮아 가는 것이라고 말한다. 결코 '짝퉁'이 아닌, '닮은 꼴'이고 싶다.

○

행복은 떠남이 아니라 사랑에서 옵니다

부산국제영화제의 개막작 〈한국이 싫어서〉는 장강명의 소설을 영화화한 것이다. 주인공 '계나'는 정글 같은 한국에서 행복할 수 없다는 생각에 호주로 간다. 강자가 우대받는 세상, 생태적 경쟁력이 없어 소외될 수밖에 없다는 강박 때문에 한국을 싫어했다. 그런데 그가 싫어하는 게 어디 한국뿐일까? 계나는 이 사람 저 사람과 사랑이 싹터 함께 살아 볼까 하다가도 결국 어디 한 곳 마음 두지 못하고 떠난다. 요약하기 힘든 작품이지만, 오늘의 한국 사회를 사는 젊은이들의 아픔을 느끼게 한다.

그런데 '싫어서' 떠나면, 만족스럽게 살 곳은 세상 어디에 있을까? '여기다' 싶어도 실망할 일은 또 이어지기 마련이다. 세상 어디가 완벽하게 만족스러울까? 언젠가 많이 불렀던 복음송이 있다. "저 천국 없으면 난 어떻게 하나… 나는 이 세상에 정들 수 없도다" 세상을 사랑하는 법을 가르쳐야 할 교회가 이런 노래를 부르게 하다니!

어디서든 행복하려면 싫은 곳을 떠나기보단 있는 곳을 사랑해야 한다. 만족스럽진 않아도 분명히 좋아할 만한 것이 있기 마련이다. 그것으로 견디고 사랑하다 보면 대단한 기쁨은 아니어도 소소한 행복을 누릴 것이다. 행복은 강도보다 빈도다. 작지만 꾸준히 이어지는 즐거움, 그것이 나를 살게 하는 힘이다.

목회에서 겪는 아픈 경험 중 하나는 교회가 싫다며 떠나는 이들을 보는 것이다. 더욱 슬픈 것은 목사가 싫다며 뒤도 돌아보지 않는 것이다. 언제는 목사님 좋아서 평생 살겠다더니 한 번만 섭섭해도 마음이 뜨고 만다. 그에게 싫어하는 사람이 된 나는 공연히 미안하다. 이러다 주님도 나를 싫어하면 어쩌나 싶지만, 주님이야 그럴 리 없으니 안심이다. 나의 약하고 모자란 것까지 사랑해 주시는 분이니.

누구라도 날 싫어하지 않도록 목회 서비스를 잘하고 싶다. '목사님 좋아서 이 교회 다녀요'라는 위험한 말을 듣고 싶지는 않다. 그냥 열심히 사랑하며 살기로 한 지 이미 오래다. 비록 짝사랑일지라도.

〈한국이 싫어서〉의 계나가 말한 "난 이제부터 진짜 행복해질 거야"라는 결심이 제발 이루어지길 빈다. 어디든 사랑하며 살아가다 보면 어느새 행복에 도달하지 않을까?

최 재 영 그림

○

확실한 행복은 강도보다 빈도입니다

당첨금 30억 원쯤 되는 로또 1등에 당첨된다면 어떤 기분일까? 행복은 몰라도 엄청난 기쁨일 것은 확실하다. 그 뒤가 어찌되든 최고로 '강도' 높은 즐거움일 것이다. 그래서 '800만 분의 1'이라는, 벼락 맞을 확률보다 낮다는 복권을 앞다퉈 구입하는 것 아니겠나.

그런데 내가 1,000원 또는 5,000원으로 구입한 복권이 고스란히 나도 모르는 한 사람의 행운에 '몰빵'된다는 것을 생각해 본 적이 있는가? 사실 로또로 상징되는 강도 높은 행운 또는 행복은 평생 사는 동안 내게 일어날 가능성이 거의 없다. 그래도 그 옅은 가능성의 꿈이라도 꾸니 복권도 사 볼만하다고 해야 할까? 누군가에게 행운을 몰아주는 것으로 만족한다면, 그 또한 나쁘지 않다고 해야 하나?

많은 사람이 대박을 꿈꾼다. 그러나 진정한 행복은 그렇게 강도 높은 인생 사건에 있는 것은 아니라고 믿는다. 한때 '소확행'이란 말이 유행처럼 사용됐다. 작지만 확실한 행복이란 뜻이다. 즉 행복이란 '빈도'가 중요하다는 의미일 것이다.

매일 세 끼 밥으로 행복하다면 빈도 높은 행복 아니겠는가? 그렇게 빈도 높은 즐거움이 꾸준할 때 인간은 부작용 없는 행복 속에 살 수 있다. 사실 어마어마한 강도 높은 행운은 순간적인 것이며, 그 뒤에는 공허함이 뒤따른다 하지 않는가?

복권 당첨이든 벼락부자든, 강도 높은 꿈을 꾸는 자들은 현실적으로는 늘 불행할 수밖에 없다. 꿈을 꾸는 시간에는 세상 모든 것을 다 가진 것 같아도, 꿈이 깨지는 순간은 암울하다. 그러니 하루 또 하루 작은 즐거움이나 기쁨, 그래서 행복한 마음이 이어진다면 그것이 천국이리라.

어제 본 아내가 오늘도 내 곁에 있고, 익숙한 그 식탁에 오늘도 앉을 수 있다는 사실, 그리고 내일도 변함없을 것으로 기대되는 일상들, 한순간 타오르는 부흥은 없어도 늘 웃어 주는 성도들의 미소가 있으니 나는 기쁠 수 있다.

게다가 내게는 꾸준한 주님의 사랑이 있다. 기분이 곤두박질할 때도 그분이 함께하시는 기쁨이 있다. 그래서 우울함을 떨치고 조용한 미소에 행복을 담는다. 또 내 작은 사랑이 누군가에게 꾸준히 행복을 안겨 주기도 하니, 이 아니 즐거우랴.

○

받아들이는 지혜를 배웁니다

안도현 시인의 "스며드는 것"이란 제목의 시가 있다. (직접적인 인용이 불가능하나 한 번쯤 찾아보기를 권한다.) 이 시는 간장게장을 담그는 순간을 통해 꽃게의 모성과 죽음의 수용을 그려 내었다. 시를 감상하다 보면 저절로 눈이 촉촉해진다. 시인이 전해 준 꽃게의 마음에 공감하며 나는 감상에 젖어 들었다.

자기 '알'들에게 말하는 엄마 꽃게의 마음이 애절하다. 어쩔 방법이 없는 엄마가 자기 '새끼' 격인 '알'들에게 남기는 꽃게의 마지막 말은 슬프면서도 세상 모든 엄마의 모성애를 드러낸다.

이 세상에는 의도와 관계없이 우리에게 들이닥치는 온갖 문제가 많다. 어디로 피할 수도 없고 꼼짝없이 그 굴레에 갇혔을 때, 많은 사람은 원망에 원망을 거듭하며 자신을 더욱 괴롭히곤 한다. 나 역시 그렇다.

한 교회에서 30년 넘게 사역하면서 그런 일은 어쩔 수 없이 겪어야 했다. 그때마다 매우 힘들고 괴로웠다. 그래서 그런 상황에 나를 밀어 넣은 사람이나 사건을 원망하며 고개를 가로젓곤 했다. 그러나 그것은 나를 더 큰 괴로움에 방치할 뿐이었다.

거역할 수 없는 힘이 내게 서서히 스며드는 순간, 나를 죽일 것만 같이 느껴지는 문제는 반드시 있기 마련이다. 불가역적인 상황이다. 그럴 때 그것을 어떻게 소화하고 받아들이면서 평안해질 수 있을지 안도현 시인을 통해, 아니 꽃게를 통해 배운다. 이제는 어쩔 방법이 없는 상황이라면 이 꽃게처럼 받아들이는 지혜를 갖고 살아야겠다.

그나저나 간장게장을 참 좋아했는데, 앞으로는 간장게장 먹기 힘들 것 같다. 글 끝에 이런 마음을 담다니 나는 언제나 이 천박함에서 벗어날 수 있을까?

○

닥치지도 않은 일을 왜 두려워합니까

통계학 분야에서 세계적 석학인 한스 로슬링(Hans Rosling)은
《팩트풀니스》(Factfulness)에서 '우리가 세상을 오해하는 열
가지 이유'를 말한다. 그중 인간의 '공포본능' 사례를 제시하
며, 우리가 공포를 느끼는 이유, 그리고 공포를 느끼게 만드
는 언론의 역할 등을 매우 재밌게 다루고 있다.

한스 로슬링은 책에서 언론인을 먹여 살리는 데 일조하는
것이 공포라고 말한다. 뉴스가 공포를 생산한다는 것이다.
예를 들어 2016년도에만 전 세계 약 4,000만 대의 비행기가
무사히 활주로에 착륙했지만, 언론은 치명적인 사고를 당한
10여 대의 소식만을 다룬다. 이는 전체 항공기의 0.000025퍼
센트에 불과하다. 무사히 착륙한 비행기는 뉴스거리가 되지
못하기 때문이다. 때문에 사람들 머릿속에 사고만 남는다.

안전하게 착륙한 4,000만 대의 비행기는 우리 눈에서 사라진다. 재미있는 지적이다.

공포란 일어날 가능성이 낮아도 어떤 정보를 자주 접하느냐에 따라 만들어진다. 즉 뉴스가 공포 본능을 자극하는 셈이다. 지난 코로나 팬데믹 당시, 뉴스는 코로나19 바이러스에 감염되거나 사망한 사람들의 사건을 온종일 다뤘다. 차라리 TV를 끄면 공포심이 낮아졌을지 모른다. 물론 궁금증이 증폭되겠지만.

공포에 떨면 상황을 똑바로 볼 수 없기 마련이다. 환자의 상태보다 그 흘리는 피가 공포를 자아낸다고 한다. 즉 머릿속이 공포로 가득 차 있으면 올바른 정보(fact)가 들어올 틈이 없어진다. 따라서 내가 무엇을 자주 보느냐, 내 눈이 어디에 초점이 맞춰져 있느냐가 중요하다. 공포에 떨며 사느냐, 평안하게 사느냐는 결국 내가 자주 접하는 정보에 의해 결정된다. 눈이나 귀가 무엇에 집중하느냐가 공포 지수를 결정하는 셈이다.

풍랑 중에서 주무시는 주님을 못 본 채, 파도와 심한 바람이라는 상황만 보면 두려움에 빠져든다. 바다가 삼켜 버릴 것 같은 공포가 제자들을 뒤덮었다. 공포본능에 익숙한 인간이다. 주님이 "두려워 말라"고 책망하신다. 정신 차리고 평안을 되찾아야 할 텐데….

○

하나의 반대표가
내게는 복이었습니다

처음 우리 교회에 부임하고 8개월쯤 지난 후 위임투표 하던 날의 기억이 새삼 떠오른다. 단 한 표의 반대가 있었다. 다행히 위임에는 문제가 되지 않았고, 모두 박수 치며 기뻐해 주었다.

단 한 명의 반대. 그것은 분명 소수의견이다. 웃어넘길 수도 있었다. 그러나 나는 지난 30여 년 동안 그 한 표를 잊은 적이 없다. 늘 가슴에 안고 산다. 그 표를 던진, 누군지도 모르는 사람을 향한 원망은 결코 아니다. 그 한 표는 늘 나를 겸손하게 만드는 힘이 되었다. 그 덕에 내가 아무리 잘해도 동의하지 않는 사람이 있을 수 있다는 생각을 할 수 있었다. 그러기에 그 한 표는 하나님이 내게 주신 선물이리라.

내가 하는 일이나 나 자신에 대해 한 명도 반대가 없기를 바라다면 매우 위험한 사고다. 《만장일치는 무효다》라는 책도 있지 않은가. 문화비평가 변정수가 2003년에 썼다. 그 주제는 이미 《탈무드》에도 다룬 것이라 한다. 유대 의회 즉 산헤드린은 회의 중 만장일치가 나오면 오히려 그것을 문제가 있는 것으로 보고, 다음 날까지 생각할 시간을 주었다가 다시 결정하도록 했다고 한다. 만장일치를 감정적인 판단으로 보았으며, 다른 의견이 없는 사회를 결코 건강하다고 생각하지 않았던 것이다.

소수의견, 거기에는 누구도 생각 못한 지혜가 담길 수도 있다. 따라서 소수의견을 존중해야 한다. 처음에는 소수의견이었는데 시간이 지나서 다수의견이 되기도 한다. 예수님이 이 세상에서 사역하는 동안 그분을 따르는 자들은 늘 소수였다. 일명 '마이너 그룹'이었던 것이다.

'왜 늘 반대만 하지?' 하면서 그를 밀어내고 미워하면 하나님의 뜻을 놓칠 수도 있다. 소수의 생각을 곱씹다 보면 그럴듯한 이유가 보일 때도 있지 않은가. 소수의견에 대한 열린 태도가 결국 공동체를 하나로 묶을 수 있다. 그런 지도자가 아름답게 조화를 이루는 세상을 만들어 왔다. 각각 다른 소리를 엮어 합창을 만드는 지휘자처럼.

지금 생각해도 30여 년 전 단 하나의 선명한 반대표는 내게,

그리고 우리 교회에 복이었다. 오늘도 나를 불편하게 하는 또 다른 반대표를 본다. 그러나 그것은 나의 생각에 깊이를 더해 주며 기도 시간을 늘려 준다. 더 나아가 하나님의 반대표를 피하게 할 것이다.

그러나 생떼 쓰듯 달려드는 소수의견에는 단호하게 외친다. "No!"

박현숙 그림

○

미움받는다고 너무 슬퍼하지 마세요

살다보면 나를 싫어하는 사람이 없을 수 없다. 특별한 사건이나 관계 때문에 그렇기도 하지만 까닭 없이 싫어하기도 한다. 그것으로 인해 고민하거나 함께 미워하고 또 우울함에 빠질 수도 있다. 그러나 너무 슬퍼하거나 걱정할 필요는 없다. 모든 사람이 나를 좋아할 수는 없지 않겠는가. 모두 날 좋아해야 한다고 생각한다면 그것은 교만이고 독선일 뿐이다.

주님도 미움을 받으셨다는 사실을 기억하자. 그것도 죽이고 싶을 만큼 미워하는 자들이 꽤 많았고, 결국 그들 손에 죽임을 당하셨다. 그리고 주님은 그 제자들도 그렇게 미움받을 것이라고 예고하셨다(요 17:14). 물론 이 경우 세상과 다르게 사는 것 때문에 받는 인한 미움이라고 했으니, 미움받는 모든 사람이 다 제자라는 말은 아니다.

아무튼 아무리 착하게 살아도 미움받을 수 있다. 우리와 좀 다르다는 것 때문에 괜히 미울 수 있다. 너무 착해서 싫고 똑똑해서 싫고 잘해서 싫고 들리는 소문 때문에 싫기도 하다. 즉 나쁘고 못해서만 싫은 것이 아니라는 말이다. 나 자신을 보니 그렇다. 나도 싫어하는 사람이 있다. 싫은 이유가 확실한 경우도 있지만 딱히 싫어할 이유를 말할 수 없는데도 싫은 사람이 있다.

사람이 사람을 좋아하고 또 사랑하는 이유를 뭐라 꼭 집어 말할 수 없는 것처럼, 싫어하는 이유도 분명하지 않을 때가 많다. 싫은 것이 어찌 사람뿐이랴? 음식도 싫은 것들이 많고 그 이유도 다양하다. 냄새가 싫고, 생김새가 싫다. 또 그 맛은 더욱 싫을 수도 있다. 그런데 이유는 쉽게 설명이 되지 않는다. 내 딸은 토마토를 먹지 못한다. 토마토에 대한 나쁜 추억도 없다. 그냥 싫단다. 냄새가 싫다나.

누군가 날 싫어해도 너무 속상해하지 않기를 바란다. 그도 자기 마음을 모르겠다는데 어찌하겠는가. 싫고 좋음을 어찌 강제하겠는가. 다만 나라도 공연히 누군가를 싫어하지는 않으려고 애쓴다. 내 취향이 아니라서 싫고, 나와 의견이 달라서 싫고 또 내 길을 반대한다고 싫어하는 일은 매우 위험한 일이다. 왜냐하면 내가 항상 옳을 수 없고 또 절대적 기준은 더욱 아니니까 말이다.

part3.

짙은 밤을 보내는 법

○

계속 달려가다 보면 반드시 출구가 나옵니다

동굴은 들어가면 반드시 돌아 나와야 한다. 동굴에 들어갔는데 나올 수 없다면 생명을 담보할 수 없다. 동굴 같지만 전혀 다른, 인간의 뛰어난 기술로 만든 터널이 있다. 토목기술이 발달하면서 곳곳에 터널이 생겼다. 인공적인 동굴이지만 자연적 동굴과 확연히 다른 점은 출구가 있다는 것이다. 터널이 아무리 길고 답답해도 계속 가다 보면 반드시 출구가 나온다.

경기도 남양주시를 통과하는 국도 제6호선에 팔당터널이 있다. 길지는 않은데 총 네 개로 이어진다. 제1터널부터 제4터널까지다. 통과하다 보면, 터널을 지나 또 다음 터널로 이어진다. 터널이 계속 이어지는가 싶지만, 끝은 있다. 어두운 터널은 반드시 벗어나게 된다. 어두워지는가 싶으면 이 내 밝아진다.

그렇다. 터널에서 터널로 이어지고, 어둠이 또 다른 어둠으로 몰아가지만, 그것들은 언젠가 벗어날 수 있다. 조금만 참고 기다리면 반드시 빠져나온다. 들어가면 들어갈수록, 그리고 빠르면 빠를수록 그 터널에서 벗어나게 된다. 터널은 반드시 출구가 있다는 면에서, 들어갈수록 어두워지고 다시 뒤돌아 나와야만 하는 동굴과는 분명히 다르다.

인생을 사노라면 터널 같은 상황을 만나기 마련이다. 폐쇄된 듯 어둡고 답답한 상황들 말이다. 그러나 분명한 것은 앞으로 열심히 달려가면 그러한 상황을 벗어날 수 있다. 또한 이제 됐다 싶은데 다시 터널 안으로 빨려 들어가기도 한다. 그러나 계속 달리면 반드시 벗어난다.

목회하며 터널 같은 상황에 몰려 당황스러웠던 때가 많다. 때때로 그것이 동굴처럼 인식되어 빠져나갈 수 없다는 생각이 들기도 한다. 그러나 속도를 높여 빨리 달리면 환한 출구가 기다리고 있다. 그러니 터널에 들어왔다 싶으면 더 기대된다. 얼마나 달리면 벗어날지, 어디쯤 가면 환한 빛이 나타날지 설레기도 한다.

터널은 터널일 뿐이다. 제아무리 길다 한들 터널은 결단코 나를 가둘 수 없다. 잠시 조금 어두울 뿐이다. 더욱이 차량 전조등도 있고, 터널 안 조명도 있어 어둡기만 하지는 않다. 조금 답답할 뿐이다.

터널은 너무 멀거나 빙빙 돌아야 할 길을 곧장, 그리고 매우 빠르게 통과할 수 있게 한다는 점에서 오히려 반가운 길이기도 하다. 높고 험한 산길을 빙빙 돌아서 오랜 시간 가야 할 길을 매우 빠르고 안전하게 통과하게 해주니 이보다 더 고마울 수 없다. 그래서 곳곳에 많은 터널이 생겼고, 안전하고 편리한 도로를 달리게 된 것이다.

당장 답답하고 조금은 무서워도 그 터널 덕에 훨씬 빨리 목적지에 도달하게 된다는 사실을 기억하자. 어둡고 답답한 터널 같은 인생의 난코스를 만나면 빨리 벗어나고 싶겠지만, 다른 어떤 길보다 빠르게 목적지에 이르는 길임을 인식하면 고마운 코스가 된다.

그러므로 인생길에서 터널을 만난다면 고마워하면 된다. 불평하거나 두려워할 필요가 없다. 출구 없는 동굴에만 빠지지 않으면 된다.

○

내 인생 코앞만 보고 결정하지 마세요

초등학교 시절부터 고등학교 다닐 때까지 가장 두려워하던 것이 있었다. 바로 '글쓰기'와 '말하기'였다. 작문 시간만 되면 고민이 컸다. 나는 글을 잘 못쓴다는 생각 때문이었다. 그리고 수업시간이든 자치활동 시간이든 먼저 손 들고 질문하거나 발언한 기억이 전혀 없다. 공개적인 자리에서 말하는 데는 영 자신이 없었기 때문이다. 거절할 수 없는 강압에 의해 어쩔 수 없이 말해야 할 때는 얼굴이 붉어지고 가슴이 뛰었던 기억뿐이다.

그런 나는 말하기나 글쓰기는 포기한 채 '듣기'와 '읽기'에 집중했다. 마음에 와닿는 선생님의 가르침은 누구보다 더 집중해서 들었다. 아울러 좋은 책을 읽는 것이 즐거웠다. 그렇게 읽기에 집중한 나는 꽤 독서량이 많았다. 그때 읽은 책들은 문학작품만은 아니었다. 현재는 100세가 되신 철학자 김형석 교수나 박학한 이어령 교수, 그리고 생각을 키워 준 안병욱 교수의 책까지 참 다양한 책들을 접했다. 그중 몇은 아직도 내 서재 한구석에 자리하고 있다. 당시 읽은 책들과 그 내용이 아직도 선명하게 기억나는 것은 참 신기한 일이다.

그런 내가 목사가 되고 나니, 글쓰기와 말하기가 일상이 되었다. 그리고 어색해하거나 힘들지 않게 그 작업을 해내고 있다. 가장 못하던 것이었는데, 그것이 내 평생의 일이 되었다. 그렇게 못한다는 생각도 들지 않고, 못한다는 말도 듣지 않으니 참 다행이라는 생각을 넘어 신기하기까지 하다.

누구나 지금은 못하는 것들이 있다. 그렇다고 앞으로도 영 못한다는 법은 없다. 주님은 베드로에게 "내가 하는 것을 네가 지금은 알지 못하나 이후에는 알리라"(요 13:7)라든가, "내가 가는 곳에 네가 지금은 따라올 수 없으나 후에는 따라오리라"(36절) 같은 말씀으로 격려하셨다. 그리고 베드로는 정말 그렇게 되었다. 도무지 못할 것 같은 일을 세월이 지난 후 해냈다.

이쯤에서 이런 생각이 든다. 말 잘하려고 너무 애쓸 필요가 없다는 것. 결국 말을 잘하기 위한 최고의 방법은 잘 듣는 것이다. 글을 잘 쓰기 위한 비결도 잘 읽는 데서 찾아야 한다. 귀가 들리지 않는데 어찌 말하겠는가? 읽은 적이 없는 글을 어찌 써낼 수 있겠는가? 듣기와 읽기, 이것은 말하기와 글쓰기를 위해 반드시 거쳐야 할 과정이다.

박현숙 그림

○

인생이 나를 흔들어 주니 고맙습니다

제주도 사모세미나에서 "흔들리며 피는 꽃"이란 시를 접했다. 집에 돌아와 도종환 시인을 음미했다. 마치 성경의 교훈 중 하나를 요약한 것만 같았다.

흔들리지 않고 피는 꽃이 어디에 있고, 젖지 않고 피는 꽃이 어디에 있겠는가? 이걸 누가 모르겠나? 그런데 시인은 이 어렵지 않은 진리를 그의 수사로 시가 되게 했다. 시인은 역시 시인이다. 평범할 진리를 이렇게 반짝거리게 하다니!

이 시가 힘든 과거로 날 이끌었다. 지나온 삶이 머릿속에 파노라마로 펼쳐진다. 초등학교 6학년 때부터 예상하지 못한 난국에 빠졌다. 아버지의 파산으로 '학교 가는 길'은 험했다. 흔들리지 않을 수 없었고, 온몸이 비에 젖은 것 같은 과정의 연속이었다. 벗어나고 싶어 몸부림쳤으나 더 흔들렸다. 젖은 옷은 도무지 마를 것 같지 않았다.

그때, 마음을 다잡고 여기까지 오게 한 힘이 있었다. 그것은 담임 목회 30여 년을 버티게 한 힘이기도 하다. 잊었었다. 흔들리고 젖었던 시절도, 그것을 견디게 한 힘도. 내 곁에서 든든히 붙들어 준 손이 있었고, 젖은 옷을 말리는 따뜻한 바람이 있었다. 주님이 내 곁에 주셨던 그들. 찬양대에서 인생의 하모니를 알게 한 분, 함께 웃고 울었던 착한 친구들, 그리고 영적 세계로 이끌었던 분과, 어떤 상황에서도 좌절 없이 열심히 사셨던 아버지, 또 어머니. 흔들리는 내 기댈 언덕이요, 보송보송한 새 옷으로 갈아입혀 준 고마운 분들이다. 그분들이 아팠던 내 모습과 겹쳐 보인다.

인생이 지루하지 않도록 흔들어 준 것이, 젖었다 마르는 굴곡도 견디게 한 것이 한없이 고맙다. 그리고 지금, 내 곁에는 흔들리면서도 미소 짓게 하는 사랑하는 아내와 두 자녀가 있다. 고맙다.

○

길게 보면
장애물도 유익이 됩니다

미국 LA에 자리한 할리우드가 영화 산업 중심지가 된 이유가 있다. 에디슨의 특허권을 피하기 위함이었다. 1886년 특허와 저작권법에 대한 베른협약은 당시 최첨단 기술 중 하나였던 영화 산업에도 큰 영향을 미쳤다. 에디슨은 영화 촬영과 상영에 관한 주요 원천 기술의 미국 내 특허를 보유하고 있었다.

영화 산업의 활성화와 함께 에디슨은 자신의 기술로 영화 시장을 장악하려 했다. 그래서 1902년부터 미국 내 영화 관련 업체에 자신의 장비와 필름을 사용하지 않으면 특허 소송에 들어갈 것이라고 경고했다. 영화 제작자들에게는 비상이 걸린 것이다.

많은 제작자는 이런 횡포를 이기지 못해 결국 에디슨의 본 거지인 뉴저지에서 가장 먼 곳으로 도피했다. 그곳이 서부의 LA였다. LA의 할리우드라는 작은 마을에 영화인들이 터전을 잡았다. 만일 고소를 당하더라도 조금은 시간을 벌기에 적절했고, 여차하면 100마일 남쪽에 있는 멕시코로 도피했다가 돌아올 수도 있는 지역이었다. 이렇게 보면 역설적으로 에디슨은 할리우드를 영화 산업의 중심지로 만드는 데 공헌했다고 해석할 수도 있겠다.

그러나 그것만이 이유는 아니다. 할리우드의 자연 조건은 영화 촬영에 유리했다. 카메라 기술이 발달하지 않았던 당시에는 날씨가 촬영에 매우 중요한 역할을 했다. 그런데 할리우드는 1년 중 360일이 맑아서 촬영에 매우 유리했다. 주변의 풍경도 아름다워 촬영지로서는 최고였다.

인간이 살아가는 데에 자연환경은 매우 중요하다. 문명의 발생지 역시 자연 조건과 관련이 있지 않은가. 하나님이 우리 인간에게 주신 자연의 가치는 놀라울 정도이다. 게다가 자연은 인간이 돈을 지불하지 않고도 사용할 수 있다. 하나님이 주신 좋은 것을 공짜로 마음껏 누릴 수 있는 것처럼 감사한 일이 어디 있겠는가. 단지 인간의 탐욕이 마구 망가뜨려서 문제다.

길게 보면 인생의 장애물이 오히려 유익할 수 있다. 자연스

럽게 받아들일 수 있다면 큰 재산이 되기도 한다. 그래서 하
나님이 주신 모든 것은 감사함으로 받으면 버릴 것이 하나
도 없다.

박현숙 그림

○

외로워 보니
혼자 살 수 없다는 걸 알았습니다

온라인이 익숙해지면서 현대인들은 혼자 놀기, 혼자 여행하기, 혼자 먹기 등에 익숙해져 갔다. 사람을 만나지 않아도 외롭지 않았고 자기만의 세계를 즐길 수 있었다. 자발적 폐쇄였다. 필요할 땐 온라인을 벗어나 오프라인으로 옮기기도 했다.

그런데 생각도 못한 코로나19가 사람과 사람이 만날 수 없게 강제했다. 만나더라도 거리두기가 일상이 되고 말았다. 서로 마주보는 것조차 부담스러워졌다. 사람 사이의 친밀함을 시기라도 하듯 코로나19 바이러스는 우리 사이에 끼어들어 거리를 벌려 놓았다.

행복한 교회생활도, 진지한 예배도 온라인에 기대야 했다. 학교에 입학은 했는데 선생님과 친구들의 얼굴도 못 본 상태로 공부 같지 않은 공부가 이어지는 이상한 세상이 강제되고 말았다. 내 옆에 가까이 있는 누구든 의심해야 살아남는 세상이 되고 말았다. 코로나19가 가져온 변화! 그 바이러스의 기묘한 능력은 이미 진행되고 있던 인공지능(AI) 등 인간 없이도 가능한 기술 개발을 가속시켰다.

그러다 보니 사람 만나는 것이 일이고, 그로 인해 피로감이 높았던 나조차도 어느새 외로움을 타기 시작했다. 전화벨도 자주 울리지 않고, 차를 마시고 대화하고 웃는 일도 줄어들었으니 그럴 만하다.

역으로 바이러스가 우리를 사람으로 살아가도록 깨우치나 보다. 사람을 사회적 동물이라고 한 이유를 다시 주목해 본다. 조금은 귀찮고 때로는 두렵기까지 한 사람과의 만남을, 강제적으로 제약하니 오히려 사람을 그리워하기 시작한 것은 아이러니다.

사람이 곁에 있어 행복해지는 인간, 그 사람 속에서 예수님을 만나고 하나님을 볼 수 있도록 설계되었기 때문일 것이다. 사람이 곁에 있어야 따뜻함을 느끼고 용기도 나고 밥맛도 난다. 그렇다. 때로는 번거롭고 비용을 지불해야 할지라도 내 곁에 주신 사람이란 나를 외롭지 않게 하는 하나님의 선물이다.

내 곁에 앉은 동역자의 가치를 알아 간다. 나 또한 누군가의 든든한 힘이고 밥맛을 높여 주는 반찬일 수도 있겠다는 생각으로 뿌듯하다. '나'란 존재는 그렇게 이웃의 곁을 지켜줄 때 그 가치가 높아지는 법. 내 곁에 사람이 있을 때 따뜻함을 느끼는 것처럼, 나 역시 누군가를 따뜻하게 해줄 때 비로소 웃을 수 있으니 혼자는 살 수 없다.

○

내 믿음에 흔들리지 않는
편안함이 있습니까

'흔들리지 않는 편안함'. 침대 이야기가 아니다. 우리가 늘 깔고 살아가는 인생의 가장 밑바닥, 고상하게 표현하면 기초가 든든하냐를 말하는 것이다. 우리는 믿음을 갖고 산다. 죽음을 극복하고 부활의 생명력을 드러내신 예수 그리스도에 대한 믿음 말이다.

그 믿음은 과연 흔들리지 않는가? 어떤 상황에도 영향받지 않는 단단한 믿음인가? 이를테면 코로나19로 인해 손님은 다 끊기고 월세 걱정이 앞설 때에도 웃을 수 있는 그런 믿음인가?

개척교회, 임대료 겨우 내고 나면 생활비 감당하기 어려워

힘겹게 버티고 있는데 코로나19로 그나마 몇 되지 않는 교인들이 자리를 지키지 못했다. 생활비는 둘째치고 임대료를 어떻게 해야 하나 싶은 때에도 과연 나는 흔들리지 않는 편안함을 누리고 있을까? 편안함을 기대하기 힘든 낡은 침대에 누워 좀 더 편안한 잠자리가 아쉬워 자다 깨다를 반복하는 것은 아닌가?

주님에 대한 믿음이 이만큼 흔들리던 때가 있었을까? 코로나19는 물론, 전쟁과 세계 경기 악화로 이것저것 다 걱정거리로 변한 세상을 살다 보니 믿음은 휘청거리고 애써 외면하던 돈이 더 크게 보이는 것을 어찌하랴. '든든한 후원자가 될 돈 많은 교인이라도 있으면 좋을 텐데'라는 헛헛한 생각에 쓴웃음 지으며 맞은 새해다. 믿는 만큼 편안해지는 것임을 알면서도 흔들리는 것은 몰아치는 바람이 센 것인지 아니면 내가 너무 가벼운 것인지 헷갈린다.

갑자기 감옥에 누워 편히 잠자던 베드로가 생각난다. 헤롯에 의해 감옥에 갇혀 내일이면 죽을 베드로였다. 그런데 그는 그 전날 밤 천사가 발로 차야 깰 정도로 깊이 잠을 잤다. 정말 이보다 더 '흔들리지 않는 편안함'이 있을까? 푹신한 침대가 아닌 쇠사슬에 묶여 좌우에 누운 군사들 사이에서도 흔들리지 않고 편히 잠든 그가 참 부럽다. 오늘도 나를 흔들며 잠 못 이루게 하는 목회 현장과 그로 인한 복잡한 생각으로부터 자유하고 싶다.

베드로에게 흔들리지 않는 편안함을 선물한 그 침대는 예수 그리스도에 대한 믿음이었으니, 푹신한 침대를 구입하고도 남을 통장 속 돈이 오히려 나를 흔들고 있는 것인지도 모르겠다.

박 현 숙 그림

○

기도가 도깨비 방망이는
아니잖아요

수능시험을 앞두고 몇 달 전부터 기도하러 오는 교인들이 늘었다. 참 다행이다. 이렇게라도 기도하니까 좋은 일이라 생각한다. 중요한 시험이 있든, 큰일이 일어나든, 사방팔방 뛰어다니기만 하고 기도할 생각은 못 하는 사람들도 있는 것을 보면 분명히 그렇다.

그런데 고민이 있다. 시험을 앞두고 안수기도를 받고 싶어 하는 성도가 많다. 목사한테 기도 받겠다는데 뭔 고민이냐 싶겠지만, 손을 얹고 기도했는데 기대한 만큼 성적이 나오지 않으면 누구 책임일까? 목사의 영력이 약해서 그렇다고 원망하는 사람이 있을까 싶지만 괜한 찝찝함이 밀려든다. 성적이 잘 나와 원하는 학교에 합격한다면 좋겠지만, 세상이 그리 만만치 않다. 그렇다고 모의고사 성적순으로 안수할 수는 없지 않은가? 성적이 잘 나올 학생들에게만 기도해서 안수 기도의 능력을 입증(?)하려 한다면 이건 기만일 것이다.

기도하며 항상 "심은 대로 거두리라", "울며 씨를 뿌리는 자는 기쁨으로 단을 거두리로다"라는 말씀을 들려준다. 별로 큰 격려는 안 될 것 같다. 비록 실력은 안 되더라도 기도와 안수를 받으면 잘 찍기라도 할 것이라고 말해주지 못해 그렇다. 물론 기도의 능력을 의심하지 않는다. 전교 1등을 하더라도 하나님의 은혜가 아니면 그 실력을 발휘할 수 없고, 겨우 합격선 안에 들었더라도 은혜라면 여유가 있을 것이라 믿는다. 그러기에 기도하라고 가르치고 또 열심히 기도도 해준다.

그러나 시험을 위해 가장 중요한 것은 공부일 수밖에 없다. 진학이든, 취직이든, 자격을 위한 것이든, 시험을 잘 치르는 방법은 열심히 노력해야 한다. 정직한 열매를 위해 기도해야 한다. 기도를 동화 속 '도깨비 방망이'처럼 쓸 수는 없지 않은가. "실수 없이 공부한 대로 실력을 발휘하도록" 기도하는 것이 먼 훗날을 위해서도 좋을 것이다.

공부하지 않았는데도 성적이 올랐다면 그것은 위험한 체험이다. 계속 노력보다는 기도에 매달리는 선택을 할 수 있지 않겠는가? 하긴 그렇게 기도하다 보면 다른 길을 주실 것이라 믿는다.

○

아침의 찬란함을 더욱 기대합니다

군생활 중 사병 체험을 하라며 장교들도 매복하라는 명령을 받았다. 추위가 맹위를 떨치던 1월의 어느 날 밤, 생전 처음 매복진지에서 눈을 부릅뜬 채 밤이 지나가기를 간절히 기다렸다. 단 하룻밤이었지만, 더디게 가는 시간 속에 갇혀 견디기 힘든 고통의 기억만 남았다.

학교 다닐 때 밤새워 공부할 때가 많았다. 고등학교뿐 아니라 신학대학원 시절 공부할 때도 그랬었다. 교회 사역을 하면서 일이 너무 많아 잠을 잘 시간이 없을 때도 종종 있었다. 그럴 때마다 어두워지는 창밖을 본 기억이 가물거리는 사이 어느새 아침햇살이 반짝거렸다. "벌써 아침이 됐나" 싶기도 하다.

까만 밤을 하얗게 지새우는 사람에게 밤이란 없다. 그 어두운 시간도 단지 공부하거나 일하는 시간일 뿐! 더욱이 방해받지 않는 조용한 시간의 유익만 즐겼다. 효율성은 별개로 치더라도 밤샘 효과를 참 많이 보았다. 없는 시간을 늘려 주었고, 해야 할 일을 해내게 했다. 그렇게 밤샘을 한 덕에 지금은 밤마다 편안하게 잘 수 있게 된 것이리라.

지금 세상은 어둔 밤 같은 시간일지 모르겠다. 캄캄해서 앞이 보이지 않는다. 이 밤은 언제 끝날지. 그러나 밤샘 공부를 해서라도 시험을 잘 치르고 싶거나 바쁜 일을 이 밤에 끝내야겠단 결심으로 눈을 부릅뜨는 사람에게 밤은 그다지 괴롭지 않다. 좀 피곤할지 모르지만 그 긴 밤을 이겨 낸 뿌듯함만 남곤 한다. 물론 매복의 시간은 지루하고 고통스럽긴 하지만.

그렇다. 같은 세상을 살며 같은 밤을 맞지만 누군가는 고통, 또 다른 누군가는 그 밤의 생산력을 볼 수 있을 것이다. 밤을 어떻게 보내는지에 따라 다가오는 아침이 달라진다.

밤이 지닌 원래 목적처럼 편히 잠을 자고 나서 누리는 개운함이든지, 아니면 먼 미래를 위해 밤을 새우며 하루를 더욱 길게 사용하고 얻는 보람이든지. 밤이 주는 유익만 즐긴다면 밤은 하나님의 선물이요, 은혜일 것이다. 그러나 밤새 걱정으로 잠도 못 자고 설치는 사람에게 밤은 피곤하고 지치는 시간일 뿐.

part4.

세상을 돌파하는
참 지혜

○

내 현위치를 알아야
길을 잃지 않습니다

지도를 보며 운전하던 시대가 있었다. 그러나 이제는 간단한 방법으로 길을 찾는다. 목적지만 입력하면 빠른 길로 인도하는 내비게이션이라는 장치가 차에도, 휴대전화에도 장착되어 있다. 이런 위성항법장치에 의한 위치정보 서비스의 보편화는 매우 안타까운 사건이 계기가 되었다. 대한항공 007편 격추 사건이다.

1983년 9월 1일에 미국 뉴욕의 존 F. 케네디 국제공항을 출발해 앵커리지를 경유해 김포로 향하던 우리 국적의 여객기가 구소련의 영공에 들어갔다가 전투기의 공격으로 사할린 서쪽에 추락했다. 이 일로 16개국 269명의 탑승자 전원이 숨졌다.

왜 대한항공 비행기는 소련 영공에 들어갔을까? 당시 사용하던 관성항법장치의 오류 때문이었다. 조종사들은 잘못된 항로를 비행하면서도 그 사실을 몰랐다. 이 사건을 계기로 미국 레이건 대통령은 군사용 GPS를 전 세계 민간에게 무료로 제공했다. 그로 인해 미국은 오류에 대한 책임을 지지 않지만, 시스템과 장비 판매 수익을 올릴 수 있었다. 그 이후 세계 각국은 오차를 줄이는 GPS 개발 경쟁을 하게 되었고, 우리나라도 KASS라는 위치 정보 프로그램 개발이 거의 완성 단계에 다다랐다고 한다.

위치 정보에서 가장 중요한 것은 나의 현재 위치를 아는 것이다. 그것을 알아야 방향을 바르게 잡을 수 있다. '난 어디에 있는가?', '과연 여기 있는 것이 옳은가?' 이것부터 확인해야 한다. 그리고 어디로 가야 하는지 그 목적지까지 분명해지면 결코 길을 잃지 않을 것이다.

그런데 아무리 뛰어난 GPS도 아직은 오차가 있다. 수십 미터에서 2-3미터 정도다. 그 차이를 줄이는 연구로 훨씬 뛰어난 위치정보시스템이 만들어지고 있다.

누구나 인생 여행길에 있다. 이 길에 중요한 것이 있다. 영적 GPS가 제대로 작동해야 한다는 것이다. 그래야 나의 현 위치를 정확히 알고, 또 목적지를 찾을 수 있다. 지금 가는 이 길을 통해 도착할 곳이 어딘지는 알고 가야 하지 않겠는가?

죽을 길을 빠르게 달리고 있는 것은 아닌가? 최고의 내비게이션인 성경이 제대로 작동하게 하자. 그리고 그보다 길을 더 잘 아는 것처럼 앞서가지 않도록 조심하자. 그것이 대한항공 007편처럼 길 잃지 않고 목적지에 안전하게 도착하는 최고의 방법일 것이리라.

○

주님은 뭐라고 댓글을 다실까요

소위 '댓글'에 목마른 사람들이 있다. 자기 글에 붙는 '좋아요' 수에 목숨을 걸기도 한다. 인터넷의 발달로 SNS가 대중화되면서 생긴 현상이다. 가장 불행한 일은 악성 댓글로 인해 스스로 세상을 떠난 사람들이 있다는 것이다. 그러므로 함부로 댓글을 올려서는 안 된다. 고의적으로 비난 댓글을 다는 일도 없어야 마땅하다.

그렇지만 현대인들이 비난 댓글보다 더 못 견디는 것이 있다. 자신이 올린 글이나 영상 등에 아무런 댓글이 달리지 않는 것이다. 차라리 악성 댓글이라도 달리기를 원한다. 그것을 관심이라고 여기기 때문이다. 인간은 사회적 동물이라고 했으니 세상으로부터 외면당한다면 견디기 어려울 것이다. 비난조차도 관심이라 여기니, 고립처럼 고통스러운 일은 없는 것이다.

설교자인 나 역시 댓글이라는 함정에 빠지곤 한다. 예배 후에 "은혜를 받았다"고 하는 인사를 들으면 괜히 얼굴에 미소가 번진다. 그게 뭐라고.

누군지는 몰라도, 여러 교회의 설교 음성을 제공하는 애플리케이션을 만들어 배포하고 있었다. 몇 년 전 우연히 그것을 발견하고 다운받아 살펴봤는데, 내 설교도 올라가 있다는 것을 알았다. 처음엔 허락 없이 이렇게 사용해도 되는 건가 싶었지만, 함께 오른 교회와 설교자를 보자 거기에 껴 있는 것이 기분 나쁘지 않았다. 특별히 '많이 들은 설교' 란이 있었는데, 거기에 내 설교도 올라가 있는 것을 보면 괜히 으쓱해지곤 했다. 지금은 그 애플리케이션을 사용하지 않는다. 주님 앞에서 바른 설교를 하려고 할 뿐이다.

만일 내 글이나 설교 등에 주님도 댓글을 다신다면 뭐라고 쓰실지 상상해 본다. 얼굴에 열이 오르고 붉어진다. 부끄럽다. 주님이 보고 듣고 계신다는 사실보다는 사람의 반응에만 관심을 가진 탓이리라.

이제 난 사람들의 댓글이나 말보다 주님이 뭐라 하실지 조용히 묵상하련다. 그것이 주님 앞에 사는 나의 점검이요, 나를 건강하게 세우는 비결일 것이다. 그런 마음으로 산다면 스스로에게도 더 당당해지지 않겠는가.

○

가짜 뉴스를 조심하세요

목회 중에 지금도 잊을 수 없는 아픈 사건이 있었다. 내가 섬기는 교회에 법무행정 최고 자리에 있던 교인이 있었다. 그는 그 자리에 오르면서 씻기 어려운 큰 상처를 입었다. 온갖 조작된 정보와 정치적 비난에 시달렸다. 사실이 아닌 여러 증언들은 그를 짧지 않은 구치소 생활로 몰아넣기까지 했다. 입에서 입으로 전해진 것들이 재생산되며 청문회까지 열렸다.

언론들이 매일 생중계하는 동안 오랜 세월 정직한 법조인으로서 살아온 명예가 실추되었고 그 보도들은 사실로 굳어졌다. 주일마다 예배당 앞에 몰려든 기자들 때문에 주일 예배 참석까지 방해받았다. 그 긴 시간 언론의 뭇매와 따가운 시선을 견뎌낸 그에게 대법원은 소문이 아무런 실체가 없으므로 무죄라고 판결했다. 무려 3년이나 걸렸다. 그러나 그런

판결은 온갖 언론들이 떠들던 것과는 대조적으로 신문의 한쪽 구석에 작고 짧게 게재되는 것으로 끝나 버렸다.

오래 세월이 지나도 사람들의 뇌리에는 먼저 들어가 차지하고 앉은 그 잘못된 정보만이 남아 버렸다. 기억의 자리를 선점한 가짜뉴스의 힘은 뒤늦게 밝혀진 사실 앞에서도 막강했다. 일반적으로 누가 먼저 정보를 주느냐에 따라 뇌리에는 그것이 자리를 잡고 만다. 기억의 자리를 선점하는 것이다. 그렇게 정보 왜곡이 이뤄진다. 그것을 알지만 누가 사실 여부를 판단해 가며 들어오는 정보를 걸러낼 수 있겠는가?

지금의 교회에 부임했을 때, 몇몇 분들이 교인과 관련된 이런저런 정보를 내게 주려고 애썼다. 그러나 난 단호하게 거절했다. 내가 직접 사람을 경험하면서 알고 싶었다. 공연히 그 사람을 경험하기도 전에 왜곡된 정보로 내 기억의 자리를 채우는 것이 두려웠다.

조심해야 한다. 누군가가 아무리 확실해 보이는 정보를 주더라도 내가 직접 확인하기 전까지는 판단을 보류하는 것이 맞다. 그렇지 않으면 그 뒤에 어떤 사실이 들어와도 제자리 잡기가 힘들기 때문이다. 조작된 정보와 사실 사이에서 바른 판단을 한다는 것은 누구라도 쉽지 않다. 그러기에 확인되지 않은 정보로 함부로 누군가를 단정 짓는 일만큼은 해서는 안 될 가장 위험한 일임을 늘 잊지 않으려 한다. 쉽진 않지만.

○

누군가에게 벽을 치고 있지는 않습니까

우리나라에서 하루 2만 마리, 1년이면 800만 마리의 새가 죽고 있다. 미국은 2억, 캐나다는 2,500만 마리라고 한다. 이유가 뭘까? 유리 벽 때문이다. 차량 소음을 막기 위해 세운 도로변의 소음방지 유리 벽이 주범이다. 유리 벽에 의해 수천만 마리의 새가 생명을 잃고 있는 것이다. 온갖 철새를 비롯하여 희귀종까지 죽어 간다. 시베리아에서부터 수천 킬로미터를 날아온 새들이 그 날개를 접는다. 너무 안타까운 죽음이다.

유리 벽만이 아니다. 고급 건축재인 유리로 마감한 거대한 빌딩들도 새들에게 죽음을 안기고 있다. 유리 벽에 비친 반대편 숲의 모습을 실제 숲으로 착각한 새들이 날아들다가 죽는다고 한다. 유리창을 구별 못 하는 새를 어리석다고 말하겠는가?

멋진 빌딩과 소음 차단벽이 새들의 무덤이 되고 만다. 일반적으로 새는 시속 20-75킬로미터로 나는데, 그 속도로 보이지 않는 유리 벽에 부딪혀 죽으니 이보다 더 날벼락 같은 일이 어디 있겠는가. 그 작은 몸이 부서져 죽으며 새들은 무슨 생각을 할까? '이게 뭐지? 왜 부딪히지?' 당황스럽지 않겠는가?

이런 죽음을 막을 방법이 없지 않다고 한다. 가로 세로 5센티미터 간격으로 하얀 점만 찍어 두면 새는 이를 장애물로 인식하여 충돌하지 않는다고 한다.

유리 벽. 보이지 않아 생기는 일이다. 어디 새뿐이랴? 우리 사람들도 보이지 않는 벽에 부딪혀 꿈을 접기도 하고, 거의 죽은 것처럼 살아가기도 한다. 그런 의미에서 나는 누군가에게 보이지 않는 유리 벽을 치고 있지는 않은지 생각해 본다.

벽이 아닌 줄 알았는데 부딪히고 나서야 느끼는 벽들도 있다. 그렇지 않을 것이라고 생각했는데 심리적으로 주눅들게 하는 압박의 벽들, 그리고 사회적 편견과 세대 갈등의 벽들.

주님은 그 벽을 헐기 위해 십자가에서 죽으셨다. 그런데 우리 교회는 그 벽을 헐지 못한 채 누군가 다가오는 것을 가로막고 있지는 않은가? 의식조차 하지 않은 채 잘못 부딪혀 죽을 수 있는 유리 벽은 아닌지? 예수님조차도 부딪힌 종교적 벽들이 많았다는 것을 생각하면, 나도 우리 교회 성도들에게 어느새 벽이 되고 있는 것은 아닌지 생각해 본다.

○

우리 소망이 어디에 있습니까

세계 경제가 온통 난리다. 부동산이 폭등하더니 주식과 달러, 금값이 최고치를 경신한다. 사람들은 코인을 사들이느라 혈안이다가 또 다른 것을 찾아 목말라 한다. 주식에 매달리고 주택에 목을 맨다. 주님은 없다. 오늘을 사는 젊은이들의 모습이다. 이해가 간다. 금수저가 아닌 한 이리저리 머리를 돌려 봐도 희망이 보이지 않으니 그럴 만도 하다.

세계 어느 나라에서도 찾아보기 힘들 만큼 최고의 스펙을 가진 대한민국 청년들에게 이런 나라를 안겨 준 어른으로 사는 것이 무척 미안하다. 하지만 다른 한편으로는, 저들은 도대체 왜 그럴까 하는 생각이 슬그머니 고개를 내민다. 나도 어쩔 수 없는 '꼰대'인 모양이다.

온 세계가 거미줄처럼 네트워크로 엮인 온라인 시대. 보고 또 듣고 싶지 않아도 보이고 들리는 세상을 살고 있다. 가만히 앉아서 지구 반대편에서 무슨 일이 일어나는지 알 수 있다. 굳이 알고 싶지 않아도 문을 두드리면 달려와 알려 주는 세상이다. 다 소화하기도 힘들 만큼의 온갖 정보를 안겨 주니 'TMI'(Too Much Information; 너무 많은 정보)라고 하지 않는가?

그래서인지 우리는 정보가 부족하면 불안하다. 이러다 나만 뒤처지다가 죽을 것 같다. 망해도 함께 망하는 것은 덜 슬프지만, 남들 다 잘 벌고 잘살고 있는데 나만 못하면 그야말로 '루저'가 된 기분이다. '벼락거지'라는 말도 생겼다. '벼락부자'라는 말만 들어 왔는데, 이게 무슨 말인가. 그래도 모두 그렇게 말하니 그것이 대세고 진리가 되고 만다.

왜 이렇게 '나'를 잃었는지 모르겠다. 세상이 온통 그렇다 치더라도 하늘에 소망을 두고 사는 기독교인이라면 달라야 할 텐데. 오히려 신앙을 무기 삼아 더 빨리, 더 많이 갖고 싶어하는 것 같아 슬프다. 인간 '나'도 잃고, 신앙인 '나' 역시 다 잃어버린 모양이다. 거기에 교회까지 나서서 한 몫을 해대니, 복 받겠다고 교회에 다니는 성도들이야 말할 게 뭘까? 〈오징어게임〉이 대박을 친 이유를 알 것 같다.

이런 젊은이들이 만들어 낸 또 다른 용어가 있다. '영끌'이다. 영혼까지 끌어모을 정도로 온갖 것을 모아 자산을 마련

한다는 뜻이다. 그런데 참 걱정스럽다. 도대체 영혼이 있기라도 한 건지 싶어서다. 어찌 청년들뿐이랴? 요즘의 나를 보니 악마 '메피스토펠레스'에게 영혼을 팔아서라도 원하는 그것을 얻고 싶은 '파우스트' 박사가 돼 버린 것 같아 마음이 많이 무겁다.

○

후진국 선진국 같은 걸
누가 정했습니까

철거 중인 건물이 지나가던 버스를 덮쳐 여러 사람이 희생되었다. 안타까운 일이다. 그런데 언론 보도를 보노라니 이것을 '후진국형 사고'라고 쓰고 있다. 그런 표현은 처음이 아니다. 성수대교가 내려앉고, 삼풍백화점이 무너졌을 때도 그랬다.

그렇다면 도대체 '후진국형'이란 무엇인가? 그리고 후진국에서는 그런 사고가 나도 당연한 것일까? 굳이 따지면 후진국에는 무너질 빌딩조차 없고 탈선할 열차도 없을 수도 있지 않을까? 미국 플로리다에서 12층 아파트가 붕괴되는 사고가 일어났다. 그렇다면 이건 선진국형 사고인가? 참 아이러니하다. 미국에서는 인종차별적 사건이 자주 일어난다.

총격사건도 잦다. 이런 비인도적이고 폭력적인 사건 사고가 미국에서 일어나면 그것은 선진국형 사고라고 해야 하나?

우리가 사용하는 '후진국'이라는 낙인은 대부분 경제력을 고려해서 찍힌다. G7, G10, G20 등 국가 정상들의 모임이 있다. 이때 G는 다행스럽게도 '크다'는 뜻의 '그레이트'(great)가 아닌 '그룹'(group)을 의미하는 G라고 한다. 그러나 그렇게 그룹 지어진 나라들을 보면 다 선진국이다. 그런 선진국에서 일어나는 사고는 후진국과 다를까?

선진국에 살아도 사람의 가치관이나 사회 구조가 후진적일 수 있고, 후진국임에도 앞선 의식과 구조로 사람답게 사는 행복한 세상일 수도 있다. 진정한 후진국이란 경제 능력은 뛰어나지만 사람들의 의식과 가치관이 건강하지 않을 때 써야 하는 것이 옳지 않을까?

신앙생활을 하는 우리도 가끔 듣거나 쓰는 표현이 있다. "개척교회도 아니고" 이건 뭘까? 개척교회는 그래도 된다는 생각인가? 아니면 작은 교회에서는 당연한 현상으로 치부하려는 고정관념인가?

언어적 표현이나 특정한 의미가 담긴 단어는 그 시대를 살아가는 사람들의 가치를 드러낸다. 건강한 가치를 추구하고 사람을 행복하게 하는 구조를 만들어 가자. 그렇지 못하면 아무리 큰 교회나 나라라도 후진적이리라.

○

돈이 힘인 것 같아도
중요한 건 사랑입니다

지난 코로나 팬데믹 당시, 가장 먼저 자유를 얻은 나라는 이스라엘이었다. 이스라엘은 어느 나라보다도 비싼 백신을 빠르게 구입해 국민들에게 접종했다. 그야말로 돈의 힘이 여실히 드러났다. 인구의 세 배나 되는 3,000만 회분의 백신을 구입하기 위해 이스라엘이 치른 비용은 1조 원에 달한다.

이런 일은 우리가 사는 세상에서 왕왕 벌어지는 일반적인 현상이다. 우리 주변 일상이 그렇다. 돈만 있으면 더 고급스러운 의료 서비스를 제공받을 수 있다. 물론 돈으로도 못 고치는 병이 있기는 하다. 그렇지만 돈이 많으면 아프기 전에 미리 예방이 가능하다. 몸이 피곤해지기 전에 쉬고, 또 많은 돈을 들여서 운동을 하고 건강관리를 받는다. 경제적 여유가 있으면 먹는 것부터 입는 것, 생활 전반에 걸쳐 관리를 받을 수 있으니 부러움을 한몸에 사는 것이다.

건강하지 못한 데다 경제적으로도 쪼들리는 것이 가장 안타까운 일이 아닐까? 그나마 우리나라는 건강보험이 발달해서 여유가 없는 어르신들도 적은 비용으로 병원에서 치료받을 수 있다. 그렇다 보니 병원을 너무 자주 가는 부작용도 일어난다.

그러나 정말 중한 병은 돈이 없어 치료를 못 받기도 한다. 죽음을 운명처럼 받아들이기도 한다. 또 사랑하는 가족을 돈때문에 치료도 못해 주는 슬픈 일들도 일어난다. 가난 때문에 아파도 병원에도 못 가고 약국에서 약을 사는 것조차 쉽지 않은 사람들. 건강은 고사하고 생존조차도 버거운 사람들이 있지 않은가?

조선시대에도 그랬다. 선교사들의 의료 혜택이 아니었으면 갑신정변 당시 부상을 입은 민영익은 죽었을 것이다. 우리가 지닌 힘을 잘 써야 한다. 그래서 내가 섬기는 교회의 '아이티 그레이스 클리닉' 사역은 아무리 생각해 봐도 잘한 듯싶다. 내 고민을 조금은 덜어낸 느낌이다.

○

하나님의 힘이 내 힘입니다

갈릴레오가 '슈퍼인간'이라고 부른 사람이 있다. '유레카'로 유명한 아르키메데스다. 그는 부력뿐 아니라 3.14로 표기되는 원주율 계산, 도르래의 원리, 나사의 원리까지 만들어 낸 사람이다. 그가 만든 물을 퍼 올리는 양수기는 오늘날에도 '아르키메데스의 나선식 펌프'(스크루펌프)라고 불린다.

도르래는 인간 사회에 놀라운 변화와 발전을 가져왔다. 당시 1톤의 무게를 가진 사물을 들어 올리려면 40명이나 되는 사람의 힘이 필요했다. 그러나 그가 개발한 도르래를 이용하면 한 사람의 힘으로도 1톤을 들어 올릴 수 있다. 무려 40배 효과다. 그런 아르키메데스는 혼자 힘으로 배를 해변으로 끌어올렸다고도 한다. 이론으로 그칠 수밖에 없겠지만 적절한 도르래만 있다면 지구도 들어 올릴 수 있다고도 했다. 갈릴레오가 아르키메데스를 극찬한 이유는 충분하다. 아르키메데스의 연구는 인간이 적은 힘을 가지고도 큰일을 해낼 수 있게 했다. 온갖 물리적 원리를 찾아내고 정리했고 실용화한 것이다.

아르키메데스를 생각하며 새삼 나의 어리석음을 깨닫는다. 그가 만든 도르래와는 비교할 수 없는 엄청난 힘이 되어 주실 하나님을 믿는다면서도 여전히 내 힘만으로 살아가려고 버둥거리는 것은 아닌지. 학력, 재력, 체력 등 내가 가진 능력치를 다 합쳐 봐야 별거 없으면서도 계산해 보고 뿌듯해하거나 위축되기도 한다.

결국 내 것도 아닌데 아들의 좋은 대학 입학으로 어깨에 잔뜩 힘이 들어가고, 딸아이가 별걱정 없이 취업한 것을 자랑스러워한다. 그것이 별거 아님을 깨닫는 데 시간이 별로 걸리지 않음에도 그렇다.

보다 더 편리하게 사용할 온갖 도구들이 발전해 온 것은 끊임없는 인간의 노력과 연구의 결과다. 그러나 하나님의 힘을 내 것처럼 사용하는 것은 특별한 연구나 노력이 필요 없다. 매우 쉽다. 내 힘을 헤아릴 필요도 없다. 그저 그분을 믿고 의지하고, 그분이 나를 기뻐하기만 하면 될 텐데 왜 그리 어렵게 생각하는지, 내가 봐도 내가 답답하다. 단순해지자. 나만 단순해지면, 그분이 나의 진정한 도르래가 되어 주신다.

part5.

혼자보다는 우리

○

저장보다는 나눔이 지혜입니다

우리 교회도 매년 겨울나기를 위한 김장을 한다. 배추가 어느 때나 공급되고 예전만큼 먹지도 않기 때문에 전처럼 많이 하지는 않는다. 김장을 생각하다 보니 인류의 대표적인 식품 저장법 두 가지가 떠오른다. 훈연법과 염장법이다.

염장법은 동아시아 지역에서, 훈연법은 습기가 많고 추운 북유럽 지역에서 시작되었다. 염장법은 우리의 대표적인 식품 저장법으로 젓갈류와 김치 등에 쓰인다. 그런데 이 염장법의 최대 단점은 나트륨 섭취가 늘어나는 것이다. 많이 먹으면 고혈압 등의 혈관계 질환을 유발한다.

훈연법은 인류가 음식을 익혀 먹으면서 시작되었을 것으로 추정하는 오래된 식품 저장법이다. 불을 피울 때 높아지는 온도와 나무 등에서 나오는 연기를 식품에 쐬어 식품 표면을 보호하는 방식이다. '스모킹 햄'으로 대표되는 훈연법을 활용한 식품들은 주로 육류와 생선류에 활용되었다.

그런데 이 훈연법도 문제가 있다. 불완전 연소로 발생한 연기에는 벤조피렌이 함유되어 있기 때문이다. 벤조피렌은 대표적인 발암물질 중 하나로서 담배 연기의 주성분이기도 하다. 이런 저장법을 개발하고 사용할 때 인류는 저장의 획기적 방법으로만 여겼을 뿐 그것이 이런 해악을 가져오리라고는 생각 못했던 것이다.

저장법을 살피다 보니 하나님의 뜻에 생각이 미친다. 그분은 저장보다는 나눔, 그리고 그날 먹을 것으로 만족하기를 원하시지 않았을까?

수렵하던 시절, 많이 잡은 날은 옆 사람과 나누면 되었고, 그러기에 욕심 부리지 않고 그날 필요한 것만 잡으면 되었다. 그런데 저장법의 발달로 굳이 나눌 필요가 없게 되었다. 잘 잡힐 때 무한정 수렵 채취하여 저장하고 그것으로 편리하게 살게 되었다. 게다가 발달한 냉동기술은 누구나 쉽게 저장하게도 했다.

인류를 편리하게 만든 저장법, 그러나 이렇게 온갖 문제가 뒤따랐다. 암, 고혈압 등의 질병은 물론 생태계 파괴 등으로 인한 기후변화의 위기! 일부겠지만 교회도 너무 많이 쌓다 보니 점점 질병이 느는 것은 아닐까? 광야의 '만나'처럼 하루치로 만족하고 하나님만 바라보며 살았다면 좀 불편하긴 해도 지금의 재앙과 갈등은 피했을 텐데.

박현숙 그림

○

절망에 빠진 사람을
그냥 지나치고 있습니까

장애인 최초로 히말라야 14좌 등정에 성공한 김홍빈 대장.
안타깝게도 하산하던 중 조난당했다. 김 대장은 스물여덟
살이던 1991년, 북미 최고봉 메킨리산 등반 중 입은 동상으
로 열 손가락을 잃어 장애인이 되었다. 그 후 장애를 극복하
고 히말라야 등반의 전설로 남게 되었다.

그런데 조난당한 김홍빈 대장 구조에 가장 먼저 뛰어들었던
러시아 산악인 '비탈리 라조'가 인스타그램에서 중요한 지
적을 했다. "적어도 열다섯 명 이상의 사람이 조난당한 김 대
장을 그냥 지나쳤다"는 것이다. 구조는 고사하고 사고 상황
을 알리는 것조차 하지 않았다는 것이다. 8,000미터가 넘는
산은 정복했을지 몰라도 위기에 처한 사람을 지나쳐 버린

그들은 한심하고 보잘것없는 자일 뿐이라고도 했다.

이 기사를 접하면서 예수님이 들려주신 착한 사마리아인 비유가 생각난다. 제사장과 레위 사람은 강도 만나 길에 쓰러진 사람을 그냥 지나쳐 버렸다. 나는 살펴야 할 이웃을 모른 척하고 지나치지는 않았는지 생각했다. 손을 내밀기만 해도 위로를 받고, 또 일어설 사람을 외면하지는 않았는지.

코로나19로 몸살을 앓던 2020년, 우리 교회는 예산 대비 279.2퍼센트의 구제비를 지출했다. 이듬해는 코로나19가 잦아들 것으로 판단하여 구제비를 전년 예산 대비 200퍼센트로 잡았는데, 반년만에 구제비 지출은 예산 대비 120퍼센트가 넘고 말았다. 그렇지만 우리는 구제를 멈추지 않았다. 어려움을 겪는 이웃을 그냥 지나칠 수 없었기 때문이다.

교회가 아픔과 억울함, 절망적인 상황에 빠진 사람을 외면하지 말아야 한다는 것을 누가 모르겠는가. 그런데 구체적인 행동을 하고 있는가? 돈, 시간, 힘을 낭비한다는 생각이나 안전에 대한 염려 때문에 마땅히 관심을 가져야 할 이웃을 못 본 척 그냥 지나칠 수도 있다. 그러나 내 안에서 작지만 분명하게 외치시는 주님의 목소리에 귀 막을 수는 없다.

지금 어느 때보다 지나쳐서는 안 될 일들이 주변에서 많이 일어난다. 매일 예배당 뒷산을 걸으며 생각한다. 김홍빈 대장을 그냥 지나쳐 버린 그 열다섯 명에 속해 있지는 않은지.

○

지켜야 할 건 선(線)이 아니라 선(善)입니다

지켜야 할 선(線)이 많은 세상이다. 자동차든 비행기든 배든 지켜야 할 생명선이 있다. 차선 또는 항로라고도 한다. 이런 선을 지키지 않으면 나뿐 아니라 누군가를 심각한 위험에 빠뜨릴 수도 있다.

나라와 나라 사이에는 국경선이 있다. 넘어가면 불법이다. 그래도 넘어오는 사람들이 있기에 미국은 멕시코 국경에 엄청난 비용을 들여 장벽을 쳤다. 그럼에도 그 선을 넘으려는 자들의 필사적 노력 또한 측은하다.

사람과 사람 사이의 지켜야 할 선으로써 예의나 관습 또는 규칙도 있다. 정치인이든 장사를 하는 사람이든 반드시 지킬 선이 있는 것이다. 그 선을 넘으면 세상은 무질서한 싸움

터가 된다.

영화 〈기생충〉에서 박 사장은 운전기사에게 선을 넘지 말라고 경고한다. 아내에게 운전기사가 아슬아슬하지만 선은 넘지 않는다는 이야기를 하기도 하지만, 결국 누가 먼저랄 것도 없이 선을 넘으면서 이야기는 비극으로 치닫고 만다.

'공연히 나서지 말자, 선을 넘으면 나만 손해다'라는 생각으로 곁을 주지 않는 이들이 많다. 공연한 오지랖이라고 생각하며 마땅히 도와주거나 관심을 기울여야 할 타인의 문제에도 선을 지키는 것조차 처세술이고 소신이란다.

그렇게 선 안 넘고 지키다가 절대적 선(善)을 놓친다. 때로는 정해진 선, 또는 나의 능력의 선을 뛰어넘어 따뜻하게 손 잡아 준다면 그것은 선한 일이 된다. 그러다 손해를 보기도 하지만 그런 선은 넘어야 마땅하다. 그런 의미의 선을 종종 놓치고 사는 것은 아닐까.

예수 믿는다면서도 늘 내 교회, 내 자녀에 머물고 싶다. 내 마음에 이미 정해진 선이 있는 모양이다. 손익분기점으로서의 선을 그어놓고 있는지 모른다. 그래서 주님이라면 관심을 기울이셨을 선한 일에서 멀어진다.

지켜야 할 것은 선(線)이 아니다. 바로 선(善)이다. 때로는 선(線)을 넘어 선(善)을 행해야 한다.

선교사들은 국경, 민족, 언어, 문화라는 선을 넘어 최고의 선으로서, 예수 그리스도를 우리에게 전해 주었다. 이방인이라고 선을 쳐 놓은 이스라엘에게 주님이 그 선을 넘도록 하셨기 때문이다. 율법의 선을 넘어 진정한 선을 원하시는 주님! 선을 넘어서라도 선을 이루는 것이 그리스도인이지 않을까? 지켜야 할 선(線)과 넘어야 할 선(線)이 있다. 그것을 분별하면 선(善)으로 간다.

박현숙 그림

○

기부보다 이웃을 돌보는 게 더 중요합니다

얼마 전 우리나라 사람이라면 다 알 만한 배달 플랫폼업체의 창업자가 무려 5,000억 원을 기부해 화제가 됐다. 자기 재산 중 절반 이상을 사회에 환원한 것이다. 이에 따라 그는 세계적 기부클럽인 '더 기빙 플레지'(The Giving Pledge)의 219번째 기부자가 되었다.

더 기빙 플레지는 워런 버핏(Warren Buffett)과 빌 게이츠(Bill Gates)가 2010년에 설립한 자선단체다. 자산이 10억 달러가 넘어야 하며, 그 자산의 절반 이상을 기부해야만 이름을 등록할 수 있다. 그런 클럽에 이 배달 플랫폼업체 창업자가 한국인으로는 최초로 회원이 된 것이다. 더 많이 기부하며 뒤따르는 한국인도 생겼다.

정말 대단한 일이다. 돈이 많다고 할 수 있는 일이 아니지 않은가. 길지 않은 기간에 앞서가는 아이디어로 돈을 벌고 그 중 절반을 기부한 그에게 아낌없는 박수를 보내며 그를 본받자고 할 만하다.

그러나 좁은 소견일지 몰라도 이런 생각이 든다. 그 많은 돈을 벌 수 있었던 것은 배달을 위해 수고하는 라이더들과 그들에게 배달을 맡겨 살아가는 소규모 자영업자들이 있었기 때문이다. 그렇다면 애당초 많은 수익을 내기보다는 소규모 중소 음식점주들에게서 수수료를 덜 받고, 배달하는 라이더에게 배달료를 좀 더 주면서 적절한 이익을 남겼으면 더 좋지 않았을까? 배달 일을 하는 분 중에도 생활이 어려운 사람이 매우 많다. 음식점을 운영하지만 월세 내기도 빠듯할 정도로 영세한 곳들이 많다.

이 배달 플랫폼업체의 대표가 바뀌면서, 최근에는 '앞으로 포장 수수료도 받겠다'고 발표했다. 여론이 들끓고 있다. 어이없는 횡포라 하지 않을 수 없다. 결국 플랫폼 사업자의 배만 불리는 이런 속 깊은 사정을 누가 헤아리겠나 싶다.

누군가는 이 글을 읽으면서 자본주의도 모르는 순진한 발상이라고 비난할 수도 있을 것이다. 그러니 이런 생각은 단순한 계산에만 익숙한 나의 한계일 것이 분명하다.

○

그보다 아래에 서야 이해할 수 있습니다

누군가의 아픔과 어려움에 같은 마음을 갖는 것이 '동정'이고, '공감'이다. 영어로 한 단어(sympathy)다. 거기엔 '같음'(same)을 의미하는 접두어(sym)가 붙는다.

그런데 이런 감정은 정상적인 사람이라면 크게 어렵지 않다. 깊은 속사정을 몰라도 드러난 모습만으로도 동정이나 공감은 가능하다. 그러나 그런 감정을 표현한 후 이내 잊거나, 아무런 도움도 되지 못할 수 있다.

이에 비해 '이해'란 단순히 같은 감정을 갖는 것이 아니다. 그가 얼마나 힘들고 어려운지, 또 앞으로 이것이 어떻게 풀리거나 진행될지 그 모든 것을 알아 가는 것이다. 그렇게 깊이 알다보니 공감과 동정이 오랫동안 유지될 뿐 아니라 그를 위해 뭔가 하고 싶고 또 행동하기도 한다.

이해는 한문으로 '理解'라고 쓴다. 논리적으로 분석하고 해석하는 것을 의미한다. 사전적으로는 사람, 상황, 메시지와 같은 추상적이거나 물리적인 물체에 관한 심리학적 프로세스라고 정의한다. 곧 사건의 이유, 원인, 의미를 올바르게 알아 내는 것을 가리킨다. 영어에서 '이해'(understand)라는 단어는 대상의 아래에 선다는 의미를 갖는다.

따라서 진정한 이해는 단순하고 일시적인 동정으로 끝나지 않는다. 상대를 알고 문제의 원인이 무엇인지 분석하고 함께 아파하고 그것의 해결책까지 찾아주는 것이다. 그것을 위해 이해하려는 대상의 아래에 서 봐야 가능한 것이다. 주님이 우리 아래 서서 섬겨 주셨다. 무릎을 꿇고 발을 씻겨 주셨다. 그러기에 우리를 이해하셨고, 그 이해는 따뜻했기에 깊은 공감이나 동정이 함께 담겼다.

논리적 이해나 분석은 차갑게 접근해야 가능하다. 그런 과정을 거치고 나면 한걸음 나아가 그의 아픔과 절망, 탄식과 두려움까지 함께 느낄 수 있는 것이다. 그것이 진정한 이해다.

요즘 외롭고 또 지친 교인들이 많아졌다. 그것을 단순히 아파하는 정도가 아닌 그 사정을 깊이 알아주고 따뜻하게 안아 주고 손잡아 일으키라고 주님이 나를 그들 곁에 세우신 것이리라.

○

이웃에게 편안함을 줍니까

난 18층 아파트 17층에 거주하고 있다. 그래서 엘리베이터를 이용해야만 한다. 오르고 내릴 때마다 엘리베이터에 머무는 시간은 불과 몇십 초밖에 되지 않는다. 현대 문명의 편리함을 느끼지만, 때로는 짧은 그 시간의 지루함과 답답함이 힘들 때가 있다. 대개 같은 통로에 사는 이웃들과 마주할때다. 이웃들을 마주칠 때마다 늘 웃으며 인사하곤 한다. 그런데 아무런 반응이 없을 때, 좁은 공간에서 함께하는 시간이 매우 길게 느껴진다. 그러나 웃으며 인사와 대화를 나누는 이웃을 만나면 그 시간이 짧아 아쉽기도 하다.

또 어린아이들과는 먼저 웃으며 '안녕'하고 인사할 수 있고, 심지어 반려견에게도 웃음을 주는데, 학생이나 청년에게는 말 거는 것조차 쉽지 않다. 그들의 반응이 두렵기 때문이다.

열두 명 정원인 좁은 공간에서 도망갈 곳도 없으니, 그가 빨리 내리길 바랄 뿐이다. 멋쩍어 휴대전화를 만지작거리기도 한다. 함께하는 시간이 3-5층 정도일 때는 그나마 다행이지만, 열 개 층 이상을 함께 갈 때의 그 적막함과 낯섦은 매우 힘들다. 수많은 사람을 만나는 것이 익숙한 목회자로 살지만, 그런 상황에서는 기술적으로 어떻게 해야 할지 난감하다.

시간이 길거나 짧다는 것은 상대적이다. 누구와 함께 있는지, 그리고 어떤 관계인지에 따라 달라진다. 그러고 보니 나의 칠십 가까운 인생살이에서 얼마나 즐겁고 유쾌한 시간을 보냈는지 계산해 본다. 그리고 지루하지 않은 시간을 만들어 준 사람들이 참 고맙다. 또 여전히 곁을 지켜 주는 그들에게 미소를 보낸다. 고마운 이들이다. 내가 누구라고 곁에 있어 주고, 늘 격려하며 힘이 되어 주는지 고맙기만 하다.

그런 생각을 해보니, 난 이웃에 얼마나 즐거움과 편안함을 주며 살았는지 점검하게 된다. 목회자로 긴 세월을 살다 보니, 스치는 사람을 불편하게 하거나 지루하게 하지는 않았는지 돌아보게 된다.

이제라도 나를 더 편하고 즐겁게 만나게 해야 할 텐데, 여전히 누군가에게 어려운 존재일 수 있다고 생각하니 불편하다. 주님은 내게 늘 평안을 주시는데, 난 그렇지 못한 것 같고 또 짧은 시간을 지루하게 만들지는 않았는지 반성한다.

○

연탄처럼 나를 태울 자신이 없습니다

우리 교회는 매년 '연탄은행'을 통해 연탄을 보내는 일을 하고 있다. 그럴 때마다 한 장에 800원짜리 값싼 연탄을 연료로 겨울을 나는 이웃이 여전히 있다는 사실을 새삼 깨닫는다.

연탄! 참 정겹게 느껴진다. 아직도 연탄불에 고등어와 삼치를 구워 파는 식당이 있다. 연탄의 원료를 캐내는 곳을 '막장'이라고 하던가. 인간의 가장 고통스러운 노동의 대가로 활활 타는 그 불의 따뜻함을 느낄 수 있다니 아이러니다. 연탄의 가치! 값이 싸서 아직도 가난한 이들의 몸을 따뜻하게 데울 수 있는 것에서 더 큰 가치를 찾을 수 있지 않을까?

'연탄재 함부로 차지 마라'는 내용의 시가 있다. 안도현의 "너에게 묻는다"라는 시다.

이제 나에게 묻는다. 연탄 값을 지불해 주는 착한 일을 한다지만, 연탄처럼 타고 싶지는 않다. 연탄처럼 탈 대로 다 타고 하얀 재를 내주는 것이 사랑이거늘. 주님이 그렇게 다 태워 재가 되도록 나를 사랑하셨는데, 이 겨울에 나도 탈 대로 다 타는 사랑이고 싶다.

연탄을 직접 보기 힘든 세상을 살고 있다. 스위치만 켜면 언제든지 더운물이 콸콸, 실내는 후끈한 그런 세상을 살아가는 나는, 그 스위치 켜기 위해 손가락만 움직일 뿐 온몸을 태워 사랑하고 싶지는 않은가 보다.

어깨 으쓱거리며 '연탄값'만 들이미는 모습이 아닌 소박한 연탄, 그것이고 싶다. 점점 싸늘해지는 아침 기운처럼, 세상 기온도 점점 싸늘해져 간다. 더 뜨겁게 타오르는 연탄이어야 할 텐데. 비싼 존재로 평가받지는 못해도, 뜨거운 열기를 품은 연탄으로 살아가고 싶다. 그러면서 아름다운 세상을 사는 진한 향을 느끼고 그 즐거움도 '찐'하게 맛보고 싶다.

part6.

한 사람을 위해 오신 사랑

○

사람은 물건이 아닙니다

사회적으로 '사람'보다 '일'이나, 그 일로 얻은 '돈'을 더 중요하게 생각하던 때가 있었다. 60년대 몇 차례 경제 개발 5개년 계획이 이어졌고, 매년 8퍼센트 이상의 고도성장이 뒤따랐다.

그 시대에는 '사람'보다 '경제'가 우선이었다. 중화학공업 육성, 수출입국 등으로 사람을 쥐어짰다. 경제를 신앙과 동일위치에 두고 어떤 가치보다 우선했다. 그것에 저해가 되면 자유나 인권도 제한받았다. 민주주의도 유보할 수 있었고, '개발독재'도 받아들였다.

그 결과 우리나라는 지금 세계 10위권의 경제력을 지키고 있다. 그러나 이런 과정에 사람은 없었다. 열 몇 시간씩 허리도 펴지 못한 채 노동 현장을 지켰던 산업 역군들은 노동법을 몰랐다. 그렇게 꿈을 이뤄 이제 어깨 좀 펴려고 하니 이 나라에 경제 개발 후유증이 들이닥치고 있는 모양새다.

음식물쓰레기 저장고에 사람이 빠져 죽는다. 400킬로그램 무게의 광케이블에 짓눌려 죽은 노동자도 있다. 사람이 기계에 끼이고, 스크린도어를 수리하다 전동차에 치어 죽는다. 안전장치 없는 공사 현장에서 추락해도 방지할 법도, 의지도 없어 보인다. 안전에 뒷짐 진 책임자들은 이런저런 이유로 처벌을 피한다. 그때마다 법을 들추고 개정한다는데 뚜렷하게 처벌받는 모습을 본 적이 없다. 여기에 사람은 없다!

서구권에서 흑인 노예의 아픈 역사는 300년 동안 계속되었다. 기독교 국가들이 저지른 악행이다. 2,000만 명 가까운 흑인들은 짐승이나 농기구처럼 취급당했다. 성경을 읽는 노예선 선장이 흑인들을 짐승처럼 배에 싣고 운반했지만, 그들은 대서양을 건너기도 전에 이미 3분의 2가량이 죽었다. 이 얼마나 끔찍한 일인가. 거기에도 사람은 없었다!

사람으로 오신 예수님은 사람을 존중하시고 사람을 위해 죽으셨다. 하나님은 최고의 환경을 만드신 후 거기에 사람이 살도록 배려하셨다. 하나님께 사람은 가장 고귀한 존재였다. 그럼에도 사람이 존중받는 역사는 오래되지 않았다.

내가 사는 세상에 사람이 있는가? 교회에는 하나님이 계셔

야만 한다고 믿는다. 아울러 사람을 존중하는 사람, 그렇게 존중받아 행복한 사람이 있어야 한다. 사람이 없으면 거기 엔 하나님도 계시지 않는다. 사람을 위한 목회자이고 싶다.

박 현 숙 그림

○

사람은 상품이 아닙니다

구경 5.56mm, 작동방식 가스압,

무게 2.86g, 길이 99cm, 총열 50.8cm,

최대사거리 2653m, 유효사거리 460m,

총구속도 975m/s, 최대발사속도 700-800발/m

이상은 일반 군인들이 사용하는 개인 화기인 M16 소총의 제원이다.

군 복무를 했던 사람이라면 기억날 것이다. 제원은 곧 스펙(specifications)이다. 원래 스펙은 무기의 성능을 밝히기 위한 표시다.

그런데 이 단어가 요즘은 사람에게 주로 사용된다. '스펙이 좋네, 나쁘네' 하면서 무기나 기계에 사용하는 단어나 표현을 사람에게 사용하는 데 아무런 거부감이 없으니 어느새 사람의 상품화에 벌써 적응한 모양이다. 사람이 시장에 내놓고 팔리길 기다리는 상품 같은 처지가 된 것이다. 빨리 그리고 좋은 가격에 팔려고 포장도 잘하고 여러 경로를 통해 그것을 선전하기에 열을 올린다. 젊은이들은 더욱 그렇다. 온갖 스펙으로 무장해서 '인간 시장'에서 디스플레이하고 팔리기를 기다린다. 그럼에도 팔리지(정규직) 않고 빌려 쓰는 (비정규직 또는 알바) 사람만 많으니 우리 젊은이들은 이 나라를 비아냥대며 '헬조선'이라고 부른다. 자기가 사는 나라를 스스로 비아냥거려 봐야 전혀 득 될 것이 없는 줄 알면서도.

스펙, 스펙 하는데 요즘 젊은이처럼 스펙이 좋은 때가 우리 역사 속에 언제 있었는가. 세계 어느 나라 젊은이들이 우리만큼 스펙이 좋겠는가. 대학 진학률 68퍼센트. 학비가 전혀 들지 않는 독일에 비하면 두 배가 넘는 기이한 나라다. 학력 인플레가 문제이긴 하지만 높은 학력에 뛰어난 외국어 실력, 한두 개의 자격증은 기본, 모든 능력을 장착한 놀라운 스펙에도 불구하고 팔리지는 않으니 답답하지 않겠는가?

내가 누구인지를 짧은 스펙으로 설명할 수 있을까? 사람은 사람이어야 한다. 사람은 팔리길 기다리는 상품이 아니다. 어느새 목회자조차 스펙에 매달린다. 학력에 각종 세미나 수료증까지 장착하고, 이력 관리를 위해 브랜드가치(?) 높은 교회를 거치고 싶어 한다. 사람이 그립다. 상품 말고 사람!

○

개보다 사람이 중요합니다

인터넷에서 개밥그릇을 검색해 보고 매우 놀랐다. 대단한 밥
그릇들이 많았다. 높이와 각도가 조절되어 개가 먹기에 불편
하지 않도록 배려한 그릇들이다. 장인이 직접 만든 도자기
그릇도 있었다. 매우 화려했다. 디자인으로 친다면 사람이
쓰는 그릇이라 해도 손색이 없었다. 명품이 따로 없었다.

2023년 기준, 우리나라의 반려견 수는 약 544만 마리, 반려
묘 수는 254만 마리라고 한다. 그러니 반려동물과 관련된 산
업이 성황을 이룬다. 병원이면 병원, 옷이면 옷, 그야말로 반
려동물들의 천국 같다. 수입 용품도 쉽게 구할 수 있다. 품질
도 좋아서 '럭셔리'라는 말로는 표현이 되지 않을 정도다. 마
치 어린 아이를 키우듯 반려동물을 키운다. 전부가 다 그런
것은 아니겠지만, 반려동물을 위해서라면 어떤 것도 아끼지

않는 세상의 분위기가 멈출 것 같지 않다.

조금 더 시야를 넓혀 보자. 이 지구상에는 선진국에서 사는 반려동물보다도 더 못 먹고 굶주리는 아이들이 많다. 나도 반려견을 키우고 있어서인지, 매체 너머로 비쩍 말라 숨 쉬는 것조차 힘들어하는 어린아이의 모습을 보면 눈을 돌리고만 싶다. 애써 숨어 버리는 것이다. 양심의 소리, 그리고 하나님이 귀 기울이시는 이 세상의 소리 앞에 귀를 막는 것 같다.

인간은 하나님의 최고의 피조물이다. 가정에서 반려동물은 애지중지하면서도, 바로 옆 사람에게는 함부로 대하고 있지는 않은가? 로마서나 고린도서에 의하면 내 옆 사람은 주님이 십자가에서 죽어 주실 만큼 고귀한 존재다. 이런 생각으로 사람을 대하고 있는가?

과거 우리나라도 굶주리는 사람이 많았다. 그 옛날 거지들의 밥그릇은 사람이 쓰는 것이 맞나 싶을 정도로 엉망이었다. 현대 반려동물들의 밥그릇과 사뭇 비교가 된다. 내 집에도 반려견용 밥그릇이 몇 개 있다. 물론 그리 고급스러운 물건은 아니다. 스테인리스나 플라스틱으로 만든 것이다. 그러나 깨끗하다. 더러운 그릇에 개밥을 담지는 않는다.

개밥그릇을 보니 여기저기 미안하게 생각해야 할 이웃이 참 많아 보인다. 개밥그릇에서 이웃 사랑의 현주소를 점검해 본다.

○

돈보다 사람이 중요합니다

사람과 돈, 이 세상에서 서로 부딪히기 쉬운 중요한 가치다. 값싼 노동력을 위해 사람의 권리를 짓밟아 온 흑역사는 이미 오래되었다. 아메리카 대륙에 흑인들이 노예로 대거 유입된 것은 17세기, 400년 전이다. 그렇게 흑인들을 통해 돈을 벌어들인 자들이 기독교 문화 속에 살아온 자들이었다. 그들은 그로 인해 자기들의 이익이 커지기를 기도했다.

인권은 이권에 밀려났다. 흑인은 백인과 다른 가치를 지닌다는 생각을 신앙처럼 여겼다. 수많은 흑인을 노예로 부릴 수 있는 것에 감사했고 그것으로 얻는 재물을 하나님의 복이라고 생각했으니 이 얼마나 아픈 일인가. 그것이 꼭 400년 전의 모습만은 아니다. 노예제도는 폐지되었지만 여전히 인권은 이권 앞에 고개를 숙이곤 한다.

하나님을 예배하면서도 그런 모습이었으니, 교회조차 재물을 사람보다 더 큰 가치로 여겼다는 역사적 반증이다. 초대교회도 번쩍거리는 옷에 금 액세서리를 장식한 사람을 회당에 환대하고 좋은 자리에도 앉히는 일이 있었던 모양이다. 야고보서에서 지적하고 있다. 이런 행위는 사람을 보면서도 그가 가진 돈으로 판단하고자 하는 천박한 가치를 좇았기 때문이다. 사람을 재물로 평가하기 때문일 것이다.

하나님을 모르는 자들이야 돈을 최고의 가치로 여겨 인권을 짓밟아서라도 이권을 챙길 수 있다 치자. 그러나 교회에서도 그런 가치가 은근히 자리 잡는다면 주님이 어떻게 보실까? 그럴 리 있겠나 싶지만 매우 오래된 저변의 흐름이라는 것을 다시 짚어야겠다.

사람과 돈이 서로 부딪히는 가치가 되어선 안 된다. 사람을 위한 돈, 돈을 바르게 사용하는 사람으로 살아가야 한다.

이권, 이것은 돈과만 관련된 것이 아니다. 이권은 사람을 편 가르는 데도 적용된다. 옳고 그름이나 좋거나 그렇지 못한 사람으로 판단하기보다 이해관계를 앞세운다. 나의 정치적 이익에 부합하면 옳지 않아도 내 편을 만든다. 사람이 아닌 이익이 우선이다.

주님조차도 사람을 위해 오셨고 하나님도 사람을 위해 역사를 섭리하시는데 우린 정치적 이익만 추구하는 것은 아닌

가? 그럼 난 어떤가? 때때로 인권보다 이권이 우선일 때가
있어 깜짝 놀라곤 한다.

○

우리는 누구나 귀빈입니다

아내가 종종 아파트 관리인들이나 단골 목욕탕에서 일하는 분들에게 선물을 건넨다. 그러면 매우 고마워하며 아내를 대하는 태도가 많이 달라진다고 한다. 그런데 아내가 선물을 손에 쥐어줄 때 그들의 한결같은 반응이 있다. 그때마다 "나 같은 사람까지 챙길 필요 없는데"라며 매우 고마워하고 또 몸 둘 바를 몰라 하는 반응이다.

그리고 몇 호에 사는지 묻는다. 그 이유는 집 앞을 조금이라도 더 깨끗하게 청소하고 싶다는 것이다. 그러면 아내는 그럴 필요 없다며 "내가 잘할게요"라며 대화를 맺는다. 이런 얘기를 아내에게 들으며 한 가지 생각이 머리에서 떠나질 않는다.

"나 같은 사람까지"라는 말은 자기 자신을 스스로 귀하게 여기지 못하는 데에서 나오는 말 아닐까? 그것은 분명 겸손과 다르다. 그런 자기 비하는 우리 사회가 만들어 준 것이 아니겠는가? 나를 포함하여 우리 모두는 어느새 이 세상의 사람을, 귀하거나 천한 사람으로 나눠버리는 것을 이상히 여기지 않는 것이 분명하다.

이것이 비단 세상에서만 벌어지는 일이 아니다. 교회에서도 마찬가지다. 교회에도 귀한 사람이 있기 마련이다. 그래서 '너 같은 사람'을 정해 놓고 노골적으로 비하하기도 한다. 이런 태도는 분명히 사라져야 한다. 더욱 심각한 것은 '귀한 사람'이 있다는 것이다. 이런저런 교회 모임의 식사 자리에 '귀빈석'이 따로 지정되어 있는 것이 아이러니하다. 그리고 그것을 아무렇지도 않게 생각한다.

주님은 이 세상에 오셔서 귀빈 대우를 받고자 하시지 않았다. 온 세상에서 가장 높은 자리에 앉혀 드린다 해도 모자랄 그분이 오히려 작고 낮은 자리에 계셨다는 사실을 모르지 않는다. 그런 주님이 스스로를 높이는 것이 매우 위험함을 경고하셨다. 그럼에도 나는 스스로 귀빈 되기를 자처하지 않는가? 또 누군가가 걸맞은 대접을 해주지 않아서 비위가 상하지는 않는가?

○

개똥도 그 쓰임이 있다는데

《강아지 똥》이라는 동화가 있다. 1969년에 권정생이 월간 〈기독교교육〉에 발표한 글이다. 이야기에는 강아지 똥과 흙 덩이가 등장한다. 강아지 똥은 '나같이 더러운 똥이 세상에 왜 있나' 하고 고민한다. 그 모습을 본 흙덩이는 "하나님은 쓸모없는 물건은 하나도 만들지 않으셨다"며 "너도 꼭 귀하 게 쓰일거야"라고 격려한다.

이 책을 통해 작가는 아무도 소중하게 생각하지 않는 사람 조차 하나님의 계획으로 만들어진 귀한 존재라는 성경적 가 치관을 전한다. 버려지는 더러운 똥, 그러나 그것이 민들레 싹을 자라게 한다면 소중한 존재가 아닌가? 이것이 사람에 대한 차별이 훨씬 심한 1969년에 발표된 작품이라는 것을 생각하면 매우 앞선 생각이었다. 그 당시 '내가 아무리 못해도 강아지 똥만큼도 못하랴' 싶은 이들에게 매우 큰 힘이 되었다. 신분이나 학벌, 빈부 심지어 지역적으로도 차별이 심하던 때에 이런 글을 쓰다니, 작가의 안목이 놀랍다.

이쯤에서 날 돌아본다. 난 어떨까? 더욱이 목사로 사는 난, 남들 위에 우뚝 서서 꽤 괜찮은 존재라고 생각하며, 때로는 별다른 생각 없이 누군가를 무시하거나 아래로 보고 있지는 않았는지. 양심에 찔린다.

내 집에서 사랑받는 강아지는 귀하게 여기면서, 예수님이 대신 죽어 주실 만큼 귀한 이웃에 대해 잘못된 생각을 가진 것은 아닌지, 오래전 읽은 《강아지 똥》이란 동화로 날 깨우친다. 사람보다 애완견이 더 존중받는 세상이다. 그러니 오늘에는 《강아지 똥》 같은 작품이 나오기 힘들 것 같다. 사람을 강아지 똥만큼도 귀하게 여기지 않는 세상이 아니던가?

난 강아지와 산책하다가, 꼭 강아지 똥을 봉투에 담아 버리곤 한다. 쓰레기통에 던진다. 내 강아지 똥도 민들레에게 영양이 된다면 얼마나 좋을까? 그래서 들이나 산에 버려진 똥이 더 가치 있을 것으로 생각되니, 내 강아지의 똥이 가엽게 보인다. 어딘지 모를 쓰레기 처리장에서 고온에 태워져 연기처럼 사라질 그 똥이 오늘따라 꽤 아깝게 느껴진다.

part7.

사랑은 흘려보내는 것

◯

외로움은 몸에 해롭습니다

2018년 영국은 '외로움부'(Minister for Loneliness)를 만들었다. 영국 내 외로움을 겪는 900만 명이나 되는 사람을 위해서다. 외로움은 하루 담배 열다섯 개비를 피우는 것만큼이나 인간에게 해롭다고 한다. 이런 외로움을 국가가 해결하겠다고 나선 것이다.

하나님도 인간의 외로움을 안쓰럽게 여기셨다. 그래서 아담에게 하와라는 동반자를 만들어 주셨다. 교회도 마땅히 외로운 이웃을 찾아야 한다. 주님이 이 땅에 오신 것이 "임마누엘"이다. 하나님이 인간의 현실 속에 찾아오셔서 함께하신 것이다. 그 하나님이 외로움에 힘든 이웃을 교회에 맡기셨다.

어디에나 외로운 이웃이 있기 마련이다. 그들의 손을 잡아 주어야 한다. 또 외로운 목회자도 의외로 많다. 그들은 주변 누구에게서도 위로와 힘을 얻기가 어렵다. 목회로 바쁘고 싶은 그들은 오히려 돌아볼 사람이 없어 외롭다. 매우 바쁜 목회자로서는 이해하기 힘들 것이다.

요즘은 스스로 외로움을 덜어 낼 공간을 찾는 모습도 많다. 재미있는 풍경인데, 결코 조용할 수 없는 카페 등에서 혼자 공부하는 젊은이들이 있다. 그들은 외로움이 싫어서 그곳을 찾는 것이다. 그러나 누구하고도 같이 앉거나 대화하지 않는다. 그것이 불문율이다. 외로운 존재들이 함께 모여 있는 그 공간에서 외로움을 덜 느끼는 것이다. 그러면서 사적 영역은 방해받고 싶지 않아, 곁에 오지 못하도록 방어적인 태도를 취한다. 그것은 지극히 사적인 모습을 SNS에 공개하는 행동과도 연결된다. 혼자이지만 혼자가 아니고 싶은 아이러니. 복잡한 식당에서 혼자 밥을 먹고 여행객이 몰리는 곳으로 혼자 여행을 떠난다. 여행 중에 가끔 이런 젊은이를 만난다.

자발적인 외로움은 외로움이 아니다. 강제된 외로움이 문제다. 누군가 내 곁에 있으면 좋겠는데 현실적으로 불가능한 독거노인, 사방으로 막혀 버려 대화상대조차 찾기 힘들어 은둔하는 젊은이들. 이들에게 사회적 관심이 필요하다.

교회 주변 홀로 사는 어르신들에게 매주 반찬 배달을 간다. 그런데 그들은 반찬보다 봉사자들이 반갑다. 누구라도 붙들고 대화하고 싶은 것이다. 그 바람에 찾아간 봉사자들이 몹시 당황스러워 한다는 이야기를 듣는다. 어쩌면 그들에겐 음식보다 친구가 더 필요한 모양이다. 그래서 우리는 그 좋은 일을 계속하고 있다.

박 현 숙 그림

○

인간관계에 소화불량은 내 탓입니다

사람마다 소화 능력이 다르다. 어떤 사람은 문제가 있는 음식을 먹고도 탈 없이 소화해 낸다. 오죽하면 돌도 씹어 먹을 정도라고 하지 않는가. 그러나 아무런 문제가 없는 음식도 소화를 못하고 체하고 탈이 나는 사람도 있다. 기분에 따라 속이 쓰리기도 하고 누구와 먹었느냐에 따라 체하기도 한다. 소화 능력의 차이다.

목회자로 사는 나는 수많은 사람을 만나 왔고 또 만나고 있다. 그렇게 다양한 사람들 속에서 살아가는 것은 목회자의 운명이다. 그 많은 사람은 그 수만큼 스타일이 다양하고 또 각각의 독특함을 가진다.

그런 모든 사람을 소화해 내고, 또 내 속을 뒤집는 사람도 웃어넘길 수 있는 것이 목회자의 능력, 아니 기능이 아닐까? 즉 목회자로 산다는 것은 소화 능력이 뛰어나야 한다는 것이다. 뜨겁든 차든, 딱딱하든 부드럽든, 짜든 맵든 싱겁든 가리지 않고 소화하려면 소화 능력이 좋아야 한다. 그것처럼 어떤 사람이든 소화해 내야 하는 사람이 목회자다.

그러니 소화 못한 사람이 있다는 것은 곧 목회자인 나의 책임이다. 28년을 한 교회에서 섬겼다. 그 기간에 내가 소화 못한 사람이 여럿, 아니 많았을 것이라 생각한다. 그래서 다른 교회로 옮겨간 이들도 확실하게 있다. 어느 날 갑자기 사라진 그들의 얼굴이 떠오른다.

그들이 나를 소화 못해 떠나기도 했겠지만 돌아보니 그것은 전적으로 내 책임이다. 그들이야 소화 안 되면 떠나도 되겠지만 난 누구든 소화해야 할 책임을 부여받은 것이다. 그래서 성격 좋아 보이는 주변의 목회자, 누구에게든 웃고 화 내지 않고 부드러운 목소리로 말할 수 있는 목회자를 만나면 참 부럽다.

주님도 누구든 소화하셨을 것 같다. 여러 타입의 사람을 품으셨을 것이다. 독하게 괴롭히는 자들도 잘 받아주셨다.

그런 생각을 하면서 요즘 소화 못해 내 입에서 뱉어 버린 사람들이 다시 떠오른다. 그냥 미안하다. 그들이 문제가 있는 사람들이었다는 생각은 점점 옅어지고 이제는 미안한 마음이 크다. 음식은 뭘 먹어도 소화 잘해 내는 나지만, 사람은 너무 가리는 편인 듯하다. 그래서 소화불량일 때가 있었으니 말이다.

누구라도 소화 못한 내 책임이 크다. 주님도 그것을 안타까워하실 것 같아 얼굴 들기 힘들다. 소화 능력을 키워야겠다. 아니면 소화제라도 먹어야지.

○

더 좋은 것을 주셨는데
몰라보는 건 아닌지요

아내가 초등학교 1학년 때의 추억이다. 학교를 다녀오다가
문구점에서 파는 플라스틱 귀걸이에 '콱' 꽂혔다. 그게 얼마
나 하겠는가? 돈이 없던 아내는 집에 와서 엄마에게 졸랐다.
그러나 "귀걸이는 무슨 귀걸이?" 단번에 거절하는 엄마 앞에
서 아내는 시무룩해졌다.

그 순간 아내의 머리에 떠오른 사람. '그래, 아빠!' 일터에서
일하시는 아빠에게 전화를 했다. 전화가 연결되어 아빠에게
갖고 싶은 귀걸이를 설명하고, 퇴근할 때 사다 주겠다는 약
속을 받아 냈다.

그날따라 아빠의 퇴근 시간이 왜 그렇게 늦던지. 드디어 집

에 들어선 아빠. 아내는 아빠 손에 들린 귀걸이에만 마음이 갔다. 당연하다. 그런데 아빠 손에서 귀걸이를 받아 든 아내는 몹시 실망했다.

아내가 기대한 귀걸이는 초등학교 앞 문구점에서 파는 100원짜리 알록달록한 플라스틱 귀걸이였다. 그러나 사랑하는 딸에게 그런 싸구려 플라스틱 귀걸이를 사줄 수 없었던 아빠는 퇴근과 함께 귀금속상가가 즐비한 종로3가로 갔다. 그리고 '경보당'이란 곳에서 금으로 만든 귀걸이를 사온 것이다.

얼마나 좋을까 싶었지만 아내는 실망했다. 그런 딸의 반응에 아빠 역시 당황스러웠을 것이다. 결국 그것은 "어린애한테 무슨 금 귀걸이?"라던 엄마의 손으로 들어가고 말았다.

아내의 행복하게 아픈 추억이다. 이런 아빠라니? 물론 초등학교 5학년 때 천국 가신 장인어른을 나는 못 뵈었다. 그러나 아버지로서 딸을 향한 그분의 마음을 충분히 알고 있다. 반대로 아빠의 그 사랑을 읽지 못한 아내 역시 이해가 된다. 그런 마음으로 나 역시 두 아이를 키웠다. 좋은 아버지이고 싶었다. 최고의 것으로 해준다고 했지만 내 아이들과 눈높이가 맞지 않았을 때도 많았을 것 같다.

아, 아버지! 그러고 보니 나 역시 하늘의 그 좋은 아버지가 내가 원하던 것보다 더 큰 배려를 하실 때마다 실망하곤 했다. 지나고 나니 그것이 아버지의 깊고 깊은 사랑이었는데.

올해도 그 좋은 하늘의 아버지를 설레는 마음으로 기대한다. 그 내미는 손에 들려진, 나로서는 감당할 수 없는 금빛 귀걸이를 바라본다.

박현숙 그림

○

우리는 누구나 하나님의 온리 원

한창 느와르 영화가 유행이던 1997년에 〈넘버3〉라는 영화
가 화제였다. 배우 한석규가 연기한 '서태주'의 대사 중에 이
런 대목이 있다.

"누가 나더러 넘버 쓰리래. 내가 넘버 투야!"

서열이 두드러진 영화 제목에 꼭 맞은 대사다.

이것이 어찌 그들 사회에만 국한될까? 우리 사회 곳곳에 이
런 서열의식이 자리잡고 있다. '재계 서열'이라는 것이 있다.
국가기관인 공정거래위원회가 매년 공식적으로 조사하여
발표한다. 학교에 들어가면서 서열을 학습한다. 시험을 치르
면 고유 기능인 실력 향상보다 서열에 눈뜬다. 그런 경쟁을
통해 들어가는 대학도 이미 서열화 되어 있다. 독일을 예로

든다면, 분야별 유명 대학이 있고 그로 인해 서열이 정해지곤 한다. 그러나 유명 학교를 졸업해도 특별한 혜택은 없다.

공부를 마치고 취업을 해도 기업별 서열에 따라 사람의 서열도 정해지는 듯해 씁쓸하다. 연봉이 얼마냐에 따라 서열화하는 천박한 자본의 논리가 일상이 되었다. 군대도, 깡패 집단도 아닌데 죽도록 서열에 매달린다.

세상은 그렇다 치더라도 교회는 어떤가? 세계 제일, 아시아 최고 등으로 서열을 자랑한다. 교회 내부로 들어가 보면 좀 크다 싶은 교회에서는 부목사나 장로의 서열을 따진다.

하나님도 교회나 사람을 서열화하실까? 하나님은 우리를 '넘버 원', '넘버 투' 같은 줄 세우기가 아닌 '온리 원'(Only one)으로 보실 것이 분명하다. 이 세상에 나는 오직 나 하나다. 어느 누구와도 비교할 수 없다. 각각 독특하게 창조하시고 각자의 개성을 따라 살아가는 것 아니겠는가? 하나님 앞에서 판단 받을 때도 절대적 판단일 것이다. 나를 누구와 비교하시겠는가? 굳이 비교 대상을 정한다면 나 자신일 뿐.

그런데도 세상은 우리를 경쟁 구도 속에 밀어 넣고 누가 '넘버 원'인가를 판단하고 강요한다. 이런 세상에 사는 청소년의 자살이 많다는 통계가 우리를 슬프고 또 아프게 한다. 그가 누구든 하나님 앞에서 '온리 원'으로 대하는 것이 그리스도인다운 자세다.

○

하나님만큼 좋은 아버지가 어디 있습니까

설날을 앞두고 자녀들을 돌아보니 내가 새삼스럽게 아버지임을 느꼈다. 연습도, 공부도 해 본 적 없이 어쩌다 아버지가 되었다. 그러니 아버지 노릇 제대로 해왔을까를 생각하면 아찔한 순간들도 있었다. 이미 장성한 아이들, 결혼해 가정을 꾸리거나 자기에게 주어진 삶에 대해 열심인 그들을 보면서, 난 그들에게 어떤 존재였는지 고민에 빠져 보았다.

그렇다. 난 아버지다. 누구도 대체 할 수 없는 그 자리에, 주님이 앉히셨다. 거부할 수도 없는 부르심이었다. 주님 탓하려는 것은 결단코 아니다. 그러기에 더 신중하게 여기고 기도하며 노력했어야 했는데 그러지 못했다. 참회하는 마음이다.

내 아이들이 매우 어린 시절, 아버지로서 나는 그들에게 절대적 존재였다. 그러나 아이들이 점차 성장하는 과정에서 난 고민이 많았다. 아버지가 절대적으로 옳지만은 않다는 것을 깨닫기 시작했기 때문이다. 그리고 이제 아버지는 장성한 자녀들이 어렵기도 하고 고맙기도 하다.

난 과연 좋은 아버지인가? 설교나 강의에서 나는 "훌륭한 목사이기보다 좋은 아버지이기를 원한다"고 말하곤 했다. 이 말대로 살려고 애썼다. 교회에서나 목사지, 집에서 자녀들에게도 목사일 수는 없다는 생각 때문이었다. 그런데 막상 지난 시간을 돌아보니 좋은 아버지도, 훌륭한 목사도 아니었던 것 같아 어지럽다. 또 두 가지 다 잘하기는 매우 어렵다는 자기변명을 앞세우기도 한다.

딸아이의 중2 시절, 둘만의 제주도 여행을 간 적이 있다. 좋은 호텔에서 묵으며 멋진 분위기의 레스토랑도 가고, 바닷가에서 뛰놀고, 맛있는 제주 갈치를 먹으며 가시도 발라 주었다. 아버지에 대한 좋은 기억을 주고 싶었다. 얼마 후에 아내는 아들과 둘만의 여행을 갔다. 같은 마음이었다. 그런 좋은 추억 만들기에 힘썼으나, 내가 자녀들에 대해 좋은 기억이 있는 것과 달리, 내 아이들에게는 아픈 상처가 자리하고 있는 것 같아 마음이 편치 않다. 물론 늘 고마워한다. 그러나 삶의 어느 모퉁이에서는 어두운 기억이 떠오르는 모양이다. 그래서 '그래, 하늘 아버지께서나 할 수 있는 것을 내가 하려고 애쓰지 말자'라며 두 손을 들곤 한다.

○

하나님의 사랑이라면 못할 것이 없습니다

1917년 평양신학교를 졸업한 강규찬 목사는 평양 산정현교회 세 번째 담임목사로 부임하였다. 그리고 얼마 지나지 않은 1919년 3월 1일 평양삼일만세운동에 앞장선다. 고종 황제 서거 추모를 위해 평양 여섯 개 교회 3,000여 명이 숭덕학교에 모인 자리에서 강규찬 목사는 강력한 메시지를 던진다. 그것은 일제에 짓눌린 민족의식을 일깨우기 충분했다.

준비된 태극기와 독립선언서가 전해졌고, 일제히 "대한독립만세!"를 외쳤다. 조만식(1922년·산정현교회 장로)도 이 만세운동을 위해 오산학교 교장을 사임하고 합류했다. 강규찬은 경성 감옥에, 상해로 망명했던 조만식은 평양 형무소에 각각 수감된다. 일경의 추적을 피해 집을 떠나야 했던 교인도 있었고, 여러 성도의 투옥으로 예배 인원이 줄어들 정도였다.

총독부는 민족운동의 요람으로 인식되던 산정현교회를 철저히 감시했지만, 교회는 조금도 흔들리지 않았다. 초대 담임목사였던 선교사 편하설(Charles F. Bernheisel)이 교회를 돌봐 주었다. 30년대 이후에는 신사참배 반대를 주도하며 주기철 목사의 옥고와 순교, 예배당 폐쇄 등도 견뎌 내야 했다.

이런 역사를 지닌 산정현교회는 2006년 100주년에 일본 선교사를 파송했고, 10년 만에 예배당까지 짓고 일본 그리스도인들과 영적으로 친밀한 교제를 나누고 있다. 과거를 앓기만 하지 않고 오히려 그 일본 땅에 하나님 나라를 펼치면서 참 행복하다. 일본 교인들은 우리를 만나면 자주 미안함을 표현한다. 우리 교회는 이렇게 일본과 특별하다.

또 산정현교회는 평양과도 애틋하다. 거기가 고향이니 그럴수밖에. 나 역시 그곳에서 월남하여 고향을 그리다 천국 가신 부모님 신앙을 이었으니 정서가 맞닿았다. 그곳에 다시 예배당을 세우고 싶은 마음으로 하루도 빠짐없이 기도한다. 기도뿐만 아니라 평양을 비롯한 곳곳을 찾아가고, 길을 열기 위해 참 많이 애써 왔다. 일본과는 많이 달라, 하면 할수록 포기하고 싶을 정도로 답답하고 안타깝다. 그래도 놓지 못하는 것은, 거기가 고향이고 또 사명지인 걸 어쩌겠나.

누군가는 적대적일 수 있는 그곳들이 특별한 이유는, 주님이 모자란 우리를 따뜻하게 보신다는 것을 알기 때문이리라.

part8.

믿음으로 산다는 것

○

너무 똑똑해서 문제입니다

강아지를 데리고 산책할 때가 종종 있다. 그런데 빵집처럼 강아지를 동반하기 어려운 매장에 들르기 위해서 "기다려!" 라는 명령을 한다. 그때마다 강아지는 그 자리에 앉아 꼼짝 하지 않고 내가 나오기만을 기다린다. 주변 사람들이 그 모습을 신기하게 여긴다. 5분 또는 그 이상의 시간이 지나서 일을 마치고 나오면 강아지는 반갑게 일어선다. 그리고 다시 함께 걷는다.

강아지는 어떻게 내가 나오기를 조용히 기다릴 수 있을까? 나도 참 궁금하다. 강아지 입장에서 생각해 보았다. 그렇지, 내 강아지는 한 번도 내게 배신당한 적이 없는 것 같다. 강아지에게 물어보아야 확실하겠지만 내 기억으로는 그렇다. 기다리면 반드시 나타나는 것을 늘 경험했다. 그러니 기다리라고 하면 그냥 믿고 기다리는 것이리라. 시간이 얼마가 되든지 반드시 나타날 주인에 대한 신뢰랄까?

강아지를 보면서 '나'와 '하나님'을 생각한다. 하나님은 종종 내게 "기다려!"라고 명령하신다. 그러면 난 늘 조용히 앉아 기다리는가? 그렇지 않다. 기다리는 것 같으나 조바심을 내고, 때로는 다른 길을 찾기도 한다. 내 생각대로 해보려고 몸부림치는 것이다. 결국 기다려야 할 곳에서 벗어나고야 만다.

더욱이 하나님을 원망하며 투덜거린다. 왜 기다리라는 사인 앞에 난 조용히 기다리지 못할까? 한 번도 나를 배신하신 적이 없는 하나님이다. 지나고 보면 모든 일이 내게 유익이었다. 그럼에도 기다리지 못하고 꿈틀거리는 이 조바심은 무엇일까? 그렇다. 난 강아지보다 너무 똑똑하고 온갖 경우의 수를 다 계산할 줄 안다. 그것이 문제다.

생각을 너무 많이 하고, 머리를 많이 굴리다 보니 하나님의 생각에서 멀어지고 하나님의 때를 믿고 기다리는 것이 견디기 어려운 것이다.

강아지처럼 단순해질 필요가 있다. 먹으면 만족스럽고, 함께 산책하면 신나고, 안아 주면 마음 든든하고, 혼자 내버려 두면 또 혼자 놀기에 익숙해지고. 그렇게 단순해질 순 없는 것일까? 나의 이 똑똑함으로부터 자유로울 순 없을까?

○

영적 거식증을 주의하세요

청소년들 사이에 '뼈말라약'이라 불리는, 안전이 담보되지 않은 살 빼는 보조제가 불법으로 판매돼 사회적 걱정거리가 되었다. 500원 또는 1,000원이면 한 알을 산다고 한다. 하루 여섯 정씩 먹기도 하는데 이것은 성인에게 적절한 용량이다.

더욱이 청소년들은 이것을 정당하지 않은 방법으로 구입하고 또 어른 몰래 복용하고 있어 이에 따른 부작용도 적지 않다. 미성년자 섭취가 금지된 이 보조제 중 일부는 국내 유통이 금지된 '위해 식품'이기도 하다. 카페인 함량도 높아 청소년들에게는 거의 폭탄 수준이라 한다. 어떤 학생은 하루 열 정까지 먹었다가 구토감에 몸이 떨리고 정신이 멍해지는 증상을 경험하기도 했단다. 의식이 흐려지거나 심박수가 160을 넘어 위험한 지경에 처했다는 증언도 있는데, 이 모두 카페인 부작용으로 판명됐다.

그런데 소위 이 '살 빼는 약'의 효능이 무엇일까? 그것을 먹으면 저절로 살이 빠지는 것이 아니라, 거식증을 유발한다. 음식을 먹을 수가 없으니 그렇게 원하는 다이어트에 성공은 하는 모양이다. 음식 먹기를 거부하는 증세, 거식증은 매우 심각한 부작용이다. 그런 상태로 살을 빼니 건강은 훼손될 수밖에 없다. 그로 인한 영양 불균형은 성장 과정 중에 있는 청소년들의 신체나 정신에 심각한 문제를 일으킬 수 있다.

육신의 거식증만 있는 것이 아니다. 영적 거식증도 있다. 온 갖 세상의 즐거움에 빠지다 보니 영적 양식은 입맛에 맞지 않고, 그러다 보니 자기도 모르게 영적 거식증에 사로잡힐 수 있다. 어린아이들이 군것질에 빠지면 정상적인 음식 섭취가 어렵듯, 세상의 맛에 취해 영적으로 죽어 가는 것조차 모르게 영양 불균형에 빠지는 것이다.

살을 빼려면 적당한 식사에 운동을 겸해야만 한다. 하지만 약 하나로 쉽게 해결하는 것이다. 늘 그렇지 않은가? 쉬운 방법은 부작용이 뒤따른다. 그것으로는 결코 성공할 수도 없다. 쉽게 살려는 것은 자기 자신을 병들게 하는 것임을 잊지 말아야 한다. 이 글을 쓰는 나도 균형이 잡힌 건강한 영과 육을 갖췄는지 살펴본다.

○

이왕이면 하나님과 편 먹읍시다

어린 시절 어디서든지 친구들과 어울려 놀았다. 학교 운동 장이나 하교 후 동네 골목길들이 놀이터였다. 친구들과 웃고 또 떠들고 왁자지껄했던 모습이 지금도 그립다. 형, 동생이라 부르거나, 친구로 뭉친 나의 또래들은 그렇게 놀면서 컸다.

그런데 그런 놀이에서 지워지지 않는 기억이 있다. 그것은 다름 아닌 '편 먹기'다. 몇몇이 어우르면서 서로 편을 먹는다. 어떻게 편 먹느냐에 따라 그날의 승패가 결정된다. 편을 가르기 위해 손바닥을 뒤집거나 엎었고, 그렇게 편 먹은 친구들은 단합했다. 상대편을 이기려고 별별 짓을 다 하곤 했다.

그런데 지금 생각해도 정말 '나쁜' 편 먹기가 있었다. 한 친구를 따돌리거나 울리면서 즐거워하는 것이다. 대부분 약한 친구가 그런 일을 당하곤 했다. 편 먹기란 서로에게 힘이 되는 것이다. 그런데 그렇게 뭉친 편이 힘을 갖고 누군가를 울리고 조롱하고 따돌리는 것은 자라면서 배우지 말아야 한다. 장난으로라도 그런 짓은 해선 안 된다.

어느새 그들도 나도 어른이 되어 다시 만난다. 편 먹기는 여전한 것 같다. 어딜 가도 나와 가까운 편이 있다. 그들과 어울려서 웃고 울고 또 격려하고 즐거워하고 안타까워하기도 한다. 그렇게 나와 편 먹은 친구가 있어 큰 힘이 된다.

나쁜 편 먹기도 여전하다. 많이 사라지기는 했어도 몇몇이 총회를 주무른다든가, 부정한 이익을 좇는 그런 '편' 말이다. 그것이 꾸준히 이어져 왔다. 사라지는 것 같다가도 다시 보인다. 결코 건전한 편 먹기가 아니다. 마땅히 깨야 할 파당일 뿐. 그것을 보는 나도 잘못된 편먹기를 하는 것이 아닌지 늘 조심스럽다.

무엇보다도 우리는 하나님 편이어야 한다. 그리고 그분이 관심을 보이는 외로운 누군가, 곁에 아무도 없어 위로와 도움이 필요한 이들의 편이 되어 주어야 한다. 그래서 차나 비행기를 타고 곳곳을 찾아가 웃음을 주다 보니, 생각하지도 못한 먼 나라나 섬 동네에도 내 편이 생겼다. 그런 편 먹기를 기다리는 이웃은 곳곳에 있다. 난 꾸준히 주님의 손이 필요

한 이웃에게 편이 되어 주므로 나도 주님 편임을 확인받고
싶다.

○

내가 하나님의 로또라고요?

지난 주간, 우리 교회 교역자들과 일본에서 수련회를 했다. '나라현'에 위치한 선교사를 통해 세운 교회에서 진행했다. 그런데 함께 자유로운 대화를 나누는 중에 아내가 "남편은 나의 로또"라고 했다. 한국에서는 다 아는 이 농담을 몰랐던 한 선교사가 "사모님 참 스윗하다"고 반응했다. 이런 상황에서 아내는 다시 "남편은 나와 평생 안 맞아"라고 응수했다. 그제야 '로또'의 뜻을 알고 폭소했다.

그렇다. 우리는 참 안 맞는다. 서로 다른 사람인데 맞는다는 것이 오히려 기적에 가깝다. 그렇지만 행복하게 잘 사는 이유는 서로 사랑하는 상대에게 맞추기 위해 애쓰기 때문일 것이다. 그러다 보니 어느새 서로 잘 맞는다는 것을 느낀다.

여기서 문득 하나님과 나의 관계를 생각했다. 하나님도 나에게 '넌 나의 로또'라고 하시지 않을까 싶다. '넌 목사임에도 나에게 잘 맞추지 못하는구나'라며 한탄하실 것 같다. 그렇지만 하나님은 내가 그분의 뜻에 맞추기 위해서 애쓰는 것도 아실 것이다. 아니, 어떻게 보면 하나님이 나에게 맞춰주고 계시는지 모르겠다. 달라도 너무 달라서, 하늘이 땅에서 먼 것처럼 하나님과는 매우 다른 내가 그분께 맞추려고 몸부림치는 것을 말하지 않아도 알아주시는 것 같다.

음악으로 말하면 다른 음정과 목소리가 기가 막힌 화음을 이루듯 난 종종 다른 소리를 내지만 주님이 내게 잘 맞춰 주시는 것이다. 특히 재즈 연주를 볼 때마다 감탄하곤 한다. 즉흥적인 연주가 대부분인데 어쩜 저렇게 잘 맞출까? 서로 다른 악기에, 서로 다른 주법을 쓰는데도 뛰어난 음악가들은 서로에게 잘 맞추며 듣는 이를 즐겁게 한다.

교회도 어느덧 30년, 내 능력보다는 주님께 순종하기를 기뻐하는 교회가 목회자인 내게 맞추기 위해 애썼다는 것을 나는 잘 안다. 그 덕에 여기까지 온 것이다. 그러니 고마울 수밖에. 까다로운 목회자를 존중하고 따라오기 위해 얼마나 애썼을까를 생각하니 눈물이 핑 돈다. 고마운 분들 가운데 이미 천국에 가 계신 분들도 많다. 마지막 순간까지 모자라고 까다로운 내게 맞추기 위해 애쓴 많은 이가 눈앞을 스친다. 고마운 그들이 참 그립다.

○

주님은 이 땅에 머리 둘 곳 없다고 하셨는데

한때 자고 일어나면 집값이 폭등하던 때가 있었다. 그러다 보니 땅과 집을 관할하는 공적 기업 직원과 고급 정보를 접할 수 있는 공무원들의 땅 투기가 우리 사회를 흔들었다.

왜 우리는 이렇게 집이나 땅에 매력을 느끼고 또 집착하는 것일까? 신앙이 없는 사람들이야 그렇다 치더라도, 저 하늘이 내가 가야 할 땅이고 영원히 머물 집이라는 신앙을 가졌어도 어쩔 수 없는 것은 무슨 일일까?

창세기에 등장하는 아브라함을 비롯한 믿음의 사람들, 땅한 평 없이 텐트 치고 이리저리 유랑하며 살았어도 동서남북 모든 땅을 후손에게까지 주시겠다는 약속까지 받지 않았는가. 땅에 집착하지 않았는데 땅을 보장받았고, 잘 지은 집이 없어도 하늘의 그 환상적인 거처까지 이미 확보되어 있었던 그들. 그걸 알면서도 우리는 여전히 땅이 없어 아쉽고 집이 작아 만족 못 하는 것은 아닌지.

톨스토이가 쓴 단편소설 중에 "사람에게는 얼마만큼의 땅이 필요한가"라는 것이 있다. 어느날 악마가 한 가난한 농부를 찾아가 속삭인다. 네가 달려간 땅만큼 네게 주겠다고 유혹한 것이다. 농부는 달리고 또 달렸다. 달릴수록 내 땅이 늘어난다는 기대와 욕망에 미친 듯이 달렸다. 그렇게 먹지도 마시지도 못하고 멈추지 않고 달리다가 그만 목숨을 잃게 된다는 이야기다.

우리까지 나서서 거들지 말자. 그런데 사실 땅으로 말하면 교회도 한몫했다. 예배 그 자체보다 예배당 지을 땅이나 성전 크기에 너무 매달려오지 않았던가? 그런 것들로 부흥을 말해오지 않았는가? 주차장 크기가 교회 성장을 보장하는 것처럼 생각하며 좁은 주차장 탓도 얼마나 많이 했는지 모른다.

'땅은 다 내 것'이라고 말씀하신 하나님의 그 가르침조차 기억하지 못할 정도의 내 머리인가 싶다. 하긴 어려서부터 열을 올리면서 '땅따먹기' 놀이를 하던 습관이 어디 가겠는가? 기를 쓰고 사기를 치고 억지를 부려서라도 더 넓게 차지하려고 애쓰다가도, 해가 지면 죄다 내팽개치고 집에 돌어가던 그날의 습관이 몸에 밴 것 같다.

이 글을 쓰면서도 은퇴 후 좀 넓은 땅에, 고급스럽게 인테리어한 집에서 넉넉히 살고 싶다는 생각이 사라지지 않으니. 내 몸 뉘일 작은 공간만 있어도, 이 세상에서 머리 둘 곳 없으시다던 주님보다는 훨씬 나은 것임을 정녕 모르는 것일까?

박현숙 그림

○

주님을 따르는 길은 달콤하지 않습니다

매우 개인적인 이야기지만 나는 고디바(Godiva) 초콜릿을 좋아한다. 세계적 브랜드의 벨기에산 초콜릿인 고디바는 꽤 비싼 편이다. 눈길을 끄는 것은 그 로고다. 유래를 알지 못하는 사람으로서는 좀 이상하다는 느낌을 받을지도 모르겠다. 벌거벗은 여인이 말을 타고 있기 때문이다.

그 사연은 이렇다. 고디바라는 여인은 11세기 영국의 코벤트리 지방 영주 레오프릭의 아내다. 그 영주가 부과한 무거운 세금 탓에 백성들은 허리가 휠 지경이었다. 그것을 안타깝게 여긴 영주의 아내 고디바가 남편에게 세금 감면을 요청했다. 그러자 영주는 조롱하듯 "당신이 벌거벗은 채 말을 타고 마을을 한 바퀴 돌면 그렇게 해주겠다"고 했다. 고디바는 그렇게 할 계획을 세웠다. 그 소문에 감동한 마을 사람들은 고디바가 말을 타고 마을을 도는 동안 누구도 집 밖으로 나오지 않을 뿐 아니라 창문을 커튼으로 막아 그녀의 벌거벗은 모습을 보지 않기로 했다. 그 장면이 로고로 그려진 것이다. 이때 커튼 사이로 몰래 고디바를 훔쳐본 재단사 톰이 눈이 멀었다는 전설도 있다. 그로 인해 관음증을 뜻하는 'peeping Tom'이라는 관용어도 생겼다.

11세기에 영국 여인이 벌거벗고 집 밖으로 나오는 것은 죽음과 같았다. 그러나 그 여인은 성읍 사람들의 세금 부담을 덜어주기 위해 기꺼이 그것을 해낸 것이다. 그녀의 희생은 참 아름답다. 누군가를 닮지 않았는가? 그렇게 아름다운 여인이 고디바 초콜릿으로 살아난 것이다. 1926년 벨기에의 브뤼셀에 초콜릿 숍이 생기면서다.

난 이런 사연이 담긴 고디바 초콜릿을 좋아한다. 그런데 문제는 좋아하는 초콜릿에 담긴 고디바처럼 살지는 못한다는 것이다. 나의 희생으로 누군가의 짐을 벗겨 주는 것은 예수님을 따르는 사람이라면 당연히 해야 할 일인데 말이다. 초콜릿의 원료인 카카오의 맛은 달지 않다. 쓸쓸하다 못해 카카오 100퍼센트짜리는 마치 크레용 씹는 것 같다. 거기에 밀크나 당 등을 첨가함으로 달콤해지는 것인데 그것을 초콜릿의 원래 맛으로 잘못 알고 있다.

예수님을 온전히 따르는 것은 100퍼센트 카카오를 씹듯 쓸

쓸하다. 단지 우리가 많은 첨가물로 달콤하게 만들고 그것이 초콜릿이라고 믿는 것처럼, 주님을 따르는 것도 어느새 달콤함이 우선되는 모양이다.

박현숙 그림

○

하늘에 쌓은 마일리지는 사라지지 않아요

마일리지 시대다. 포인트 카드라고도 하는 소비 실적의 축적은 소비자로서는 매우 유익하다. 커피 한 잔도 실적이 쌓이면 소비자에게 혜택으로 돌아온다. 그래서 마일리지는 보너스 같은 즐거움을 준다. 기업 입장에서도 소비자의 충성도를 높여 꾸준히 자사 상품을 소비하도록 유도하기도 한다. 그렇게 '멤버십'을 더 많이 확보할 수 있다.

항공사 마일리지 역시 매우 유용하게 사용할 수 있다. 나는 대부분의 마일리지를 좌석 승급을 위해 사용해 왔다. 그것을 위해 특정 항공사를 집중적으로 이용해 왔다. 그런데 코로나19로 인해 수년 동안 비행기를 타지 못했고 마일리지 사용 역시 불가능했다.

그러다가 여행 제한이 풀리면서 쌓인 마일리지를 쓰려다 보니, 더 답답하고 속이 쓰렸다. 먼 거리 여행을 위해 좌석 승급을 하려고 하니 5-6개월 후에도 그렇게 쓸 수 있는 좌석이 없었다. 사용할 수 없는 마일리지는 그야말로 '그림의 떡'이었다. 쌓여 있기만 하다가 유효기간 만료로 사라지는 것은 아닌지 초조하기까지 했다.

세상 마일리지에 실망한 마음이 하늘에 쌓인 마일리지로 이어진다. 주님이 말씀하신 '하늘에 쌓은 보물' 말이다. 그 마일리지는 내가 원하지 않아도 자동으로 내게 환급될 때가 얼마나 많은지. 때때로 행운 같은 즐거움을 만날 때 '아, 이런 열매가 있구나' 싶어, 언제인가 싶은 나의 착한 삶이 떠오른다. 그 덕이고, 그것이 마일리지로 쌓였다가 내게 돌아온 것 같은 마음이다.

그래서 열심히 살게 된다. 힘들어도 쉬지 않고 목회하며, 주님이 관심 가지실 만한 일에 온 힘을 쏟는다. 그렇게 쌓인 마일리지는 때때로 아내나 두 자녀에게도 양도가 되는 것 같아 더 씀씀이가 좋아 보인다. 더욱이 유효기간도 없어 결코 사라지지 않는다. 차곡차곡 마일리지를 쌓기 위해 지출되는 비용이 있기는 해도, 그에 비해 내게 돌아오는 크나큰 기쁨을 생각하니 오히려 즐겁다.

○

주님이라는 우산은 헤지지 않습니다

학교를 가려는데 비가 온다. 우산을 찾아보지만 비닐로 만든, 그것도 여기저기 찢어진 것뿐이다. 그것이라도 쓰고 가야 하던 때가 있었다. 그마저도 없어 가방을 머리 위로 치켜든 채 뛰어가는 것보다는 나은 일이었다. 요즘처럼 우산이 흔하지 않았던 때, 갑작스러운 비로 쩔쩔매는데 누군가의 선심으로 우산이 불쑥 나타나면 그만큼 감사한 일이 없었다. 모든 것이 결핍한 세상이었지만 참 따뜻한 시절이었다.

우산! 참 좋은 것이다. 하염없이 내리는 비를 막아 주어 옷이 젖지 않게 하는 고마운 우산. 해가 쨍쨍. 그래서 뜨거울 땐 햇빛을 가려 준다고 양산이라고 부르지만, 우산이면 어떻고 양산이면 어떠하랴? 비든 햇빛이든 나를 힘들게 하는 뭔가로부터 나를 보호한다는 면에서는 같다.

국가 전략적으로는, 무시무시하게 들릴지 모르지만 '핵우산'이란 것도 있다. 우리나라는 핵무기가 없어도 미국의 핵이 우리의 우산 역할을 하는 것으로, 그것이 북한 핵으로부터 우리를 보호한단 것이다. 물론 보호만이 아니라 그것으로 우리를 통제하기도 하지만.

과학과 의학, 기술과 정보, 돈이나 권력, 능력이 있는 부모나 친구 등이 내 인생의 우산 역할을 하기도 한다. 그러나 그것으로 완벽한 안전을 담보할 수 없단 걸 우리는 코로나19를 겪으면서 깨닫고 있다. 아무리 뛰어난 무엇이라도 어딘가 구멍이 있다면 모든 것을 언제까지나 막아 주진 못한다.

비싸고 멋지고 기능적으로도 뛰어난 우산도 많아졌다. 그러나 아무리 좋은 우산이라도 바람이 심하게 불면 뒤집히고 찢어지기도 한다. 또 지하철에 두고 내리기도 한다. 세상의 우산이란 다 그런 것.

진정한 우산! 오직 하나다. 주님만이 우리의 우산이 되어 주신다. 그 우산 아래로 피할 때 비로소 우리의 생명이나 행복 그리고 사랑하는 가족도 보존된다. 그 외의 다른 것을 우산처럼 믿지 않아야 한다.

그렇다면 교회가 그 진정한 우산을 제공하는 사명을 수행해야 하는데 과연 잘하고 있는 것인지 모르겠다. 교회가 우산이 아니라 오히려 비가 되는 것은 아닌가?

아울러 그리스도인인 우리는 비 맞고 뛰어가는 낯선 이웃에게 다가가 내가 조금 불편하더라도 함께 우산을 쓸 줄 알아야 한다. 내 어깨에 떨어지는 빗방울을 즐길 줄도 알아야 한다. 나에게 그럴 만한 우산이 있는가?

박현숙 그림

○

세상과는 거리두기,
하나님과는 거리 없애기

코로나19로 인해 '거리두기'라는 용어가 익숙해졌다. 어느새 일상이 된 듯하다. 출근 등의 필수적인 경우 외에는 외출을 자제하고 친구들과의 모임, 밥 먹기조차 위험하게 여기는 분위기가 조성된 적도 있었다. 어지간하면 집 밖으로 나가지 말라고 하니 모두 답답하고 우울해 하던 때였다.

그러나 사회적 거리두기를 겪으면서 새롭게 반성하게 되는 것이 있었다. 그동안 하나님의 자녀로 또 목회자로 살아가면서 주님과는 거리가 점점 멀어진 채 세상과는 너무 밀착되었던 것은 아닌지 생각했다. 그래서 이제는 세상과 거리두기를 할 수밖에 없는 상황으로 밀어 넣으시는 주님의 간섭은 아닐까?

거리를 두어 멀어져야 할 대상과는 너무 가까워지고, 가까이해야 할 대상과는 너무 멀어지다 못해 등진 것은 아닌지. 이것은 반성 이전에 발견해야 한다. 이미 내 삶 속에 깊이 자리 잡고 있었던 것을 봐야 한다.

이제 제자리를 찾아가야겠다. 주님과 밀착하여 틈새를 없애야겠다. 그래서 생각이나 행동이 말씀 그 자체일 수 있으면 좋겠다.

세상적 가치와 문화, 삶의 방식은 좀 불편하고 손해일지언정 멀어져야겠다. 세상에 존재해야 할 그리스도인이고 교회지만 그 생김새는 분명히 달라야 하는데 너무 닮아 버렸다.

그러고 보니 떠오른다. 말씀과 다르다 싶어 세상과 멀어지면 어느새 그 세상은 내 손 안으로 들어와 내가 주도할 수 있었다. 반대로 세상 놓치지 않으려고 말씀을 등진 채 가까이 갔더니, 그래서 내 손에 잡힌 것 같은데 내 정체는 모호해졌고, 주님도 제대로 보이지 않았다. 결국 나를 잃었었다.

세상은 정치적 '밀당'을 한다. 철저하게 이익을 위해 거리를 둘지 가까이할지를 판단한다. 그들의 옳고 그름의 판단 기준은 말씀이 아닌 세상이다. 그러나 난 하나님의 사람이다. 손해 보면 어떤가. 당장 잃으면 어떤가. 주님과 가까우면 언제든지 주님이 채우시고 잃은 것 같은 그것들을 상상할 수 없는 큰 것으로 안겨 주시는데 말이다.

교회라는 빵집

○

주님은 이 땅에 빵으로 오셨습니다

찹쌀가루 800g, 소금 10g, 베이킹파우더 32g, 소다 8g, 설탕 130g,
호두를 비롯한 네 가지 견과류 각 150g씩 총 600g, 우유 1,000cc

이상은 우리 교회 카페에서 만드는 '찹쌀빵'의 레시피다. 이
외에도 파운드, 스콘, 마들렌, 보리빵, 호두파이, 쿠키 등 10여
가지의 빵을 만들고 있다. 10여 년 전부터 아내와 함께 시작
했는데 지금은 몇몇 봉사자들이 토요일 아침마다 함께한다.

'목사가 빵을?' 할지 모르지만, 제빵이 참 재미있다. 그 빵을
성도들이 사 먹으며 교제하기에 의미도 있다. 여기서 발생
한 선교 목적의 수익금이 꽤 된다. 아이티공화국의 클리닉
센터 건립에도 크게 기여했다.

빵 만들기는 레시피 대로 적절한 재료를 반죽하는 것으로

시작한다. 다양한 재료, 성격도 색깔도 맛도 다른 여러 가지 재료를 잘 섞어 주어야 한다. 그러면 서로 다른 재료들이 하나가 된다. 그 후 적절한 모양을 만들어 주고, 200℃ 정도로 예열된 오븐에서 60분간 구워 낸다. 빵이 구워지는 동안 향긋한 냄새는 후각을 자극하며 입맛을 다시게 한다. 그 빵이 성도들 교제의 테이블에 올라가는 것이다.

빵 만들기와 목회는 흡사하다. 다양한 사람들을 하나로 묶어주는 반죽과 같은 목회 행위가 필요하다. 전혀 어울릴 것 같지 않아도 열심히 뒤섞다 보면 하나가 된다. 이제는 더 이상 분리해 낼 수 없을 정도가 된다. 마지막으로 빵을 오븐에 굽듯 성령의 불로 구워야 한다. 교회는 이렇게 다양한 사람들이 한데 어우러지고 성령의 불로 건강한 지향성을 갖게될 때 비로소 완성된다. 개성이 뚜렷한 이들이 그리스도의 사랑 가운데 하나로 뒤섞여 공동체를 이루고, 성령의 불이 최고의 교회다운 맛과 멋을 만들어 낸다.

주님은 이 땅에 빵으로 오셨다. "받아 먹어라!" 하셨으니, 이제 우리는 세상이 교회를 빵처럼 뜯어먹으며 살게 해야 한다. 그러려면 맛있는 빵이어야 한다. 우리가 빵이 맞는가? 맛은 있는가? 아니면 빵 재료로만 존재하는 것은 아닌가? 반죽은 했지만 아직 구워지지 않은 상태는 아닌가? 그냥 밀가루고 버터며, 설탕이나 우유 정도로 존재한다면 빵이 아니다.

개개의 교회뿐이 아니다. 이 땅에 존재하는 모든 교회가 하나로 섞여 각각 다르지만 그 맛으로 세상을 끌어들일 수 있어야 한다. 이 세상에 교회라는 빵은 어디서든 각각의 맛이 있고 몸에도 좋다는 믿음을 주어야 하지 않을까? 특히 입맛이 까다로워지는 젊은 세대에게 기대되는 빵이면 더욱 좋겠다. 한 번 먹어 보면 다시 찾지 않을 수 없는 그런 빵이어야 할 것이다.

○

온다는 믿음이 있으니 기다릴 수 있습니다

혹시 이런 풍경 본적이 있는가? 내가 저녁 6시 퇴근 시간쯤에 사당동을 지날 때마다 접하는 광경이다.

사당사거리에는 경기도로 나가는 버스 정류장 몇 개가 있다. 노선에 따라 'G버스'가 퇴근하는 많은 사람을 태운다. 고단함을 짊어진 채 늘어선 사람들은 조용히 버스만을 기다린다. 한 줄이 수백 명이 되기도 한다. 출퇴근 시간대에 복잡한 사당동 사거리를 지나 강남순환고속도로로 진입하기 위한 좌회전에 보통 10분 이상 걸린다. 그렇게 좌회전을 대기하며, 버스를 기다리며 길게 늘어선 사람들의 모습을 본다. 그들은 뜨거운 열기에 손 선풍기로 더위를 쫓던가, 휴대전화로 뭔가를 감상하며 시간을 보낸다. 비가 오면 우산을 쓴 채 기다린다.

그런데 그렇게 기다리는 동안 그들은 조금도 요동하지 않는다. 불평하는 사람도 없어 보인다. 그냥 버스 오기만 기다리는 것이다. 늘 그렇게 해서 '루틴'이 된 것 같다.

왜 그들은 조용히, 그리고 마냥 기다릴까? 그것은 '기다리면 반드시 온다'라는 믿음 때문일 것이다. 너무 많은 승객이 몰려 오래 기다린 끝에도 버스에 오르지 못하면, 다시 다음 버스를 기다린다. 그렇다. 기다리면 반드시 온다는 믿음. 그것이 요동하지 않게 하는 것이리라.

인간이 뭔가를 기다릴 수 있는 이유는 바로 이 '반드시 오리라'는 믿음일 것이다. 사는 것이 가난하고 팍팍했던 60-70년대 우리나라는 '잘 살아 보세'를 노래하면서 그날이 올 것이라는 믿음을 가졌다. 그래서 지금의 세상이 있는 것이다. 그런데 막상 이렇게 살게 된 오늘의 한국 사회는 기다려도 오지 않을 것 같은 불확실한 미래 탓에 젊은이들이 많이 흔들리고 있다.

버스는 반드시 오고, 버스를 타면 가고자 하는 목적지에 반드시 도착한다. 그런데 오늘의 젊은이들이 기다리는 내일은 과연 오기는 오는 것일까? 혹시 잘못된 것을 기다리는 것은 아닐까? 이런 생각을 하니 길게 늘어선 행렬, 그 사이에 낀 젊은이들이 매우 애처롭다.

○

밥에 복음을 담을 수 있다면
얼마나 좋을까요

우리 교회에는 매주 목요일 아침, 밥 한 끼가 필요한 200여 명이 찾아온다. 우리 교회가 대접하는 밥을 먹기 위해서다. 배식하던 중에 시끄러워지는 일도 생긴다. 도시락을 한 개 더 받으려는 사람 때문이다. 받은 후 다시 돌아와 또 달란다. 더 주면 어떨까 싶지만, 더 받으면 그것을 갖고 장사를 한단다. 차라리 돈으로 줄까 싶지만 정성이 담긴 맛있는 도시락을 만들어 내는 성도들의 섬김 기회도 빼앗고 싶지 않다. 주님 대접하는 마음으로 이틀 동안 수고를 즐겁게 감당하는 일이기에 어떤 문제가 있어도 이 일은 지속하고 싶다.

한 끼 밥. 요즘도 밥 못 먹는 사람이 있나 싶지만 이렇게 밥 한 그릇에 바삐 움직이는 사람이 많다는 것을 보는 마음이 편치 않다. 물론 60년대 같은 굶주림은 아니지만 어떤 이유로든 끼니를 때우려는, 대부분 노년인 그들을 보는 나의 마음은 짠하다.

유엔환경계획(UNEP)에 의하면 2019년 전 세계에서 배출된 음식물쓰레기 양이 약 9억 3,100만 톤이라고 한다. 음식 생산량의 약 17퍼센트가 버려지는 셈이다. 이 중 가정에서 배출되는 쓰레기가 61퍼센트다. 엄청난 음식이 버려지는데, 다른 한 쪽에서는 한 끼 밥을 위해 발바닥에 불나도록 뛰어다닌다. 그뿐인가? 이렇게 줄 서서 밥을 받아먹는 것도 다른 장면에 비하면 훨씬 행복한 일이지 싶다.

유엔 식량조사관으로 활동했던 장 지글러(Jean Ziegler)에 의하면 세계의 절반은 굶주린다. 정도의 차이가 있겠지만 굶는 사람이 많다는 것만은 확실하다. 지구상에 연간 100억 명 이상이 먹을 식량이 생산되는데도 버릴지언정 먹이지 못하는 구조적 문제를 안고 있다.

그러기에 누군가에게는 밥이 복음인 것 같다. 어느 교회에서 어느 요일에 밥을 준다는 정보를 수집하여 바쁘게 뛰어다니는 그들에게 밥은 거의 복음이다. 밥에 복음이 함께 담기면 좋으련만, 밥만 복음으로 받아들이니 참 안타깝다.

○

복음 바이러스가 세상 백신을 돌파하길

코로나 팬데믹을 지나며 새삼 놀랐던 것이 있다. 바이러스의 전파력이다. 발병 후 3년 가까운 기간에 5천만 명이 넘는 전 국민이 코로나19에 감염되었다. 전염병이 지닌 속성이기도 하지만, 이 정도로 전파력이 빠를 줄은 몰랐다. 무증상 잠복기에 변이 바이러스까지, 인간의 힘으로는 어찌할 수 없을 정도였기에 속수무책이었다.

복음의 전파 속도는 어땠는지 떠올려 본다. 로버트 저메인 토마스(Robert Jermain Thomas) 선교사가 대동강변에서 순교한 1866년 이후, 우리나라에 본격적으로 선교사가 들어온 해가 1885년이다. 그로부터 30여 년 뒤, 1919년 3·1만세운동 당시 인구의 1퍼센트 정도인 20만여 명이 기독교인이 되었다. 복음이 전 국민의 1퍼센트에 전파되는데 30년이란 세월이 필요했다.

한국갤럽에 의하면 기독교인 수가 2014년 21퍼센트에서 2021년에는 17퍼센트로 감소하고 있다. 130년이 지나서야 21퍼센트가 되었는데, 그마저도 점차 줄어들고 있다니 안타깝기만 하다.

바이러스의 전파력을 복음의 전파 속도와 견주는 것이 의미 없어 보일지 모르겠다. 그래도 목사로서 마음이 많이 쓰인다. 그 어떤 생명력보다 더 고귀하고 강한 성격의 그리스도의 복음이 왜 바이러스의 전파력보다 못한 것일까?

물론 나쁜 것이 좋은 것보다 전파력이 뛰어나다. 또 좋은 소문보다 나쁜 소문이 더 빨리 퍼지고, 진짜 뉴스보다 가짜 뉴스의 확산 속도가 빠르긴 하다. 그러나 그렇게 위안을 삼고 싶지는 않다.

전염병 생각을 하다 보니 바울이 생각난다. 바울은 '전염병 같은 자'라고 비난을 받았다(행 24:5). 핍박을 가하며 아무리 방해를 해도 막을 수 없이 확산되는 복음의 힘을 전염병으로 비유한 것이다.

그런데 복음이 바울 시대보다 활력을 잃은 것일까? 건강한 전염력, 빠른 전파 속도를 가져야 할 가장 아름다운 이 복음의 생명력이 주춤거리는 모양이다. 더욱이 젊은이들에게는

더 전파 속도가 낮을 뿐 아니라 점차 줄어드는 추세라고 한
다. 젊은이들이 세상에 훨씬 더 빨리 취하는 모양이다. '세상
이라는 백신'은 매우 매력적인 데다가 효과가 있어 보인다.
그 백신도 돌파하고 온 세상으로 확산시킬 복음의 힘을 회
복해야 할 텐데 답답하기만 하다.

최재영 그림

○

영적 빵집인 교회로 오세요

우리가 일상에서 흔히 접하는 '빵'. 밥 대신 먹기도 하고 간식이나 후식으로도 먹는다. 서울도 아닌 지방의 한 동네 빵집으로 시작했음에도 대한민국 국민의 '빵심'을 사로잡은 빵집이 있다. 빵에 대한 진심이 통한 것이었을까? 종교적 의미가 풍기는 '성심당'이라는 빵집이다. 몇 년 전에는 우리나라를 방문한 교황에게도 그 집 빵을 대접했다는 소문이 있다. 대전에서 시작했는데 곳곳에 소문이 나더니 드디어 지난해 영업 이익이 유명 프랜차이즈 빵집을 뛰어넘었다고 한다. 뛰어넘은 정도가 아니라 저 멀리 뒤처지게 했으니, 프랜차이즈 빵집의 자존심이 구겨져도 이만저만한 것이 아닐 것이다.

성심당은 2023년 매출 1,243억 원을 기록했다고 발표했다.

전년 대비 50퍼센트 넘게 증가한 수치란다. 그 빵집의 시그니처 메뉴라고 할 수 있는 '튀김소보로'는 2023년까지 누적 판매량이 9,600만 개라니 가히 놀랄 만하다. 온 국민이 1년에 두 개는 먹었다는 단순 분석이다. 그 밖에도 출시만 하면 인기를 끄는 빵들도 계속 생기고 있다.

도대체 그 빵집이 왜 이렇게 인기를 끌고 있을까? 이유를 두 가지로 꼽는다. 하나는 식재료를 아끼지 않는다는 것이고, 다른 하나는 다양한 사회공헌활동이다. 특정 지방에 자리 잡고 있지만, 관광차 그곳에 가면 꼭 방문하는 소비자들이 줄을 서는 진풍경을 보는 목회자의 마음은 편치 않다. 내심 부럽다고나 할까?

그렇다고 교회가 빵집만 못하다는 자조를 하고 싶은 것은 아니다. 사실 교회는 영적 빵집인데 배부름만 추구하는 소비자 탓인지, 영적 소비자인 교인들을 만족시키지 못하는 교회의 책임인지 모르겠다. 문득 떠오른다. 예수님이 탄생하신 '베들레헴'에도 '빵집'이라는 뜻이 있다.

영적 빵 가게를 운영하는 난 여전히 고민이 많다. 한 번 먹으면 영원히 배고프지 않을 생명의 빵으로 오신 예수 그리스도를 제대로 마케팅하고 있는지. 언제쯤 되어야 길게 줄 서는 빵집을 만들 수 있을까?

○

주님은 밥상을 차리십니다

내가 사는 동네 밥집 중에 '밥포유'(Bop For You)라는 작은 식당이 있다. 테이크아웃도 가능하다. 그 앞을 지나며 상호를 보면 '당신을 위한 밥상을 차리겠다'는 따뜻한 마음이 느껴진다. 나를 위한 밥상을 누군가가 차려 주기를 원하는 세상이다. 그러나 내가 늘 누군가에게 밥을 먹일 수 있다면 얼마나 좋을까? '당신을 위한 밥'이라니 마음이 따뜻해진다.

주님이 이 땅에 계시는 동안 밥을 먹이신 사건들이 나온다. 빈들에서 수천 명을 먹이시며 천국을 경험하게 하셨다. 심지어 마지막 십자가 사역을 앞둔 상황에서도 제자들에게 빵과 포도주를 먹이셨다. 그리고 그것이 주님의 몸을 죄인들을 위한 참된 양식으로 내어주신 것임을 가르치셨다. 시인의 고백에 의하면 목자이신 여호와는 원수 앞에서도 밥상을 차려 주시는 분이다.

누군가를 위해 준비한 정성스러운 밥상, 교회와 그리스도인들의 몫이어야 하지 않을까? 주일이면 난 이른 아침부터 아내와 함께 삼각김밥을 만든다. 특별한 누군가를 먹일 밥을 준비하는 것이다. 매우 즐거운 시간이다. 물론 영적 양식은 충분히 준비해 놓았으니 그 시간이 아깝지 않다. 그리고 삼각김밥이 지닌 단조로움을 덜기 위해 다양한 속재료를 첨가한다. 맛있게 먹었다는 말이 행복하게 들린다. 엄마들이 종종 이런 말을 한다. 내가 차려 준 밥이 자식의 입에 들어가는 것만으로도 배부르다는 말. 그 기분을 알 것 같다.

전쟁의 폐허 속에서 구제용 밀가루로 배를 채우던 우리나라였다. 그런데 이제는 우리가 온 세상을 위한 밥상을 차리고 있다. 가장 배고픈 나라인 아이티(Haiti)에 세운 병원에 몰려온 반짝거리는 눈을 가진 아이들이 밥을 즐겁게 먹던 모습이 떠오른다. 주님이 그런 우리에게 "내가 주릴 때 먹을 것을 주었다"고 말씀하실 것을 생각하니 내 배도 불러 온다.

○

교회는 어머니의 마음으로 품어야 합니다

1909년 10월 26일 오전 9시 30분 안중근은 이토 히로부미를 저격했다. 그리고 그 자리에서 체포되어 1910년 2월 14일 사형선고를 받았다. 그후 안중근은 항소를 포기한 채 3월 26일 뤼순감옥에서 서른의 짧은 인생을 마감했다.

황해도 출신의 안중근은 가톨릭 신자였다. 세례명 토마스, 어머니는 마리아였다. 그런데 그는 이토 히로부미를 저격한 후 교회로부터 외면당했다. 당시 조선대목구장이었던 뮈텔 주교는 의거 직후, "안중근이 누구인지 알지 못하며, 그는 천주교인이 아니다"라고 했다. 안중근은 물론 그 가족까지 잘 알고 있었음에도 말이다. 1910년 2월 16일, 사형집행 한 달여 전 일본 검사로부터 면회허락 공문을 받고도 "안중근이 자신의 잘못을 사죄하는 정치적 입장을 밝히지 않는 한 마지막 성사를 줄 수 없다"고도 했다. 황해도의 빌렘 주교가 뮈텔의 불허에도 불구하고 안중근을 면회했다는 이유로 2개월 미사집전금지라는 징계를 받았다. 교회는 그렇게 철저히 그를 버렸다. 프랑스와 일본의 친밀한 관계 때문에 프랑스 신부들은 이랬다. 근원적으로는 조선을 동양의 미개한 나라로 인식하고 있었기 때문일 것이다.

안중근에 대한 교회의 배신은 여기서 끝이 아니다. 세례명 야고보인 사촌 안명근이 데라우치 총독 암살을 계획하고 빌렘 주교에게 고해성사를 했다. 빌렘은 뮈텔에게 보고했고 일제에 밀고한다. 안명근 체포 후 600여 명이 총독암살미수 관련자로 체포되었고 윤치호, 이승훈, 안창호, 신채호 등이 고문 받고 투옥되는 105인 사건으로 이어졌다. 항일비밀결사단체였던 "신민회"는 총독 암살 음모 배후로 지목되어 해체됐다. 안명근은 약 15년 옥고를 치른 후 만주에서 독립운동을 하다가 옥에서 얻은 병으로 1927년 이국땅에서 48년의 생을 마감한다.

3·1운동 민족 대표 33인 중 가톨릭 인사는 왜 한 명도 없는지, 또 가톨릭 학교들이 만세운동을 한 학생들을 왜 징계했는지 이해된다. 이런 사실들은 당시 선교 및 정치 상황을 기록한, 파리에 있는 뮈텔의 일기에서 확인된 것이다.

안중근의 어머니 조마리아는 아들에게 든든한 격려자였다.

거사를 치른 후 정작 어머니 역할을 해야 할 교회가 그를 외면하고 정죄하자, 조마리아는 안중근에게 수의를 지어 보내면서 "비겁하게 목숨을 구걸하지 말고 대의를 위해 희생하는 것이 어미에 대한 효도다"라고 편지한다. 그 편지에 담긴 어머니의 마음이 어땠을지 상상조차 되지 않는다. 안중근은 어머니 말씀대로 항소를 포기한 채 사형을 받아들이며 구국의 길을 갔다. 중국인조차 이런 조선인이 있음을 부러워했다.

부끄럽다. 의를 위해 살고 죽은 분들이 우리를 이만큼 살게 했고, 목사인 내가 목회할 수 있는 세상을 선물했는데, 살려고 바둥거리기만 하는 것 같아 부끄럽다. 좀 더 편안하게 오래 살고 싶은 마음을 들킨 것 같아 얼굴이 붉어진다. '내 생명 주님께 드리리'란 찬양을 흥얼거리지만 과연 내 의식이 살아 있기는 한 것일까?

목숨처럼 지켜야 할 고해성사까지 누설해 애국지사를 고통으로 내몰고 민족의 독립을 방해했던 교회. 흉악범죄를 저질렀어도 고해성사 후 안아 주어야 할 교회가 어찌 그랬는지 가슴이 아프다. 오늘 우리 교회는 어떨까? 기대고 싶은 교인들에게 희망과 용기를 주는 따뜻한 어머니 품 같은 교회인가? 내게는 좀 불편해도 "참 장하다" 싶은 교인들을 다독이며 하늘의 상을 확인시켜 주는 교회인가?

○

최고의 진통제는 사랑입니다

코로나19가 극성이던 때, 나도 사회 흐름에 발맞춰 백신을 접종했다. 목회자로서 좀 더 자유롭고 안전한 대인관계를 위하여 가장 빠른 시간을 예약했고 접종 예정임을 주변에 알렸다.

그런데 접종 바로 직전 주일, 예배 후 한 성도가 내 손에 '타이레놀'을 쥐어 주었다. 혹시라도 접종 후 통증이 올 것을 걱정해서이다. 언론에 보도되는 것처럼 아세트아미노펜 계열의 진통제가 통증 완화에 좋다기에 준비해 준 것이다. 고마웠다. 마음이 든든했고, 또 따뜻해졌다.

드디어 접종을 했다. 의사는 네 시간쯤 후에 진통제를 복용하라 했으나 먹지 않았다. 통증이 전혀 없었고, 어떤 부작용도 일어나지 않았기 때문이다. 잠자기 전에 약을 먹으라는 주변의 권고도 있었지만, 그냥 잠들었다. 잘 자고 일찍 일어나 평소와 같이 새벽기도회를 인도했다.

무수한 부작용 관련 보도가 마치 거짓말 같았다. 왜 그랬을까? 그 이유를 이렇게 찾아보았다. 내가 누구보다 건강하다는 교만한 생각은 아니다. 밀가루 덩어리를 먹어도 약이라고 생각하면 효과를 본다는 '플라시보' 효과가 아니었나 싶다. 나는 진통제 한 알 먹지 않았지만 심리적으로는 이미 최고의 약을 먹은 것이다. 염려해 주는 교인들의 따뜻한 사랑과 응원이라는 최고의 진통제 말이다. 그것이 마음에서 작동되어 몸도 아픔을 느끼지 못하게 한 것은 아닐까?

진정한 진통제. 자주 먹어도 내성 등의 부작용이 없고 그 어떤 것보다 강력한 효과를 자랑하는 진통제는 사랑이라는 생각이 보다 확고해졌다. 그러면서 반성했다. 나는 과연 교인들에게 진통제 역할을 하고 있는가?

이 세상 곳곳이 많이 아프다. 한국 교회 역시 여기저기서 고통스러워한다. 이런 세상에서 과연 교회는 주변의 아파하는 이들에게 진통제 역할을 하고 있는가? 마땅한 역할이고 교회가 가진 능력일 수 있다. 그럼에도 진통 효과를 드러내지는 못하는 것 같다. 오히려 서로 찌르고 상처를 후벼 파며 아프게 하기도 한다.

과연 우리가 그리스도의 사랑을 누리기는 했을까? 주님이 우리에게 주신 세상에서의 진통제 역할을 잊은 것은 아닌가? 아니면 효과가 없는 껍데기뿐인가? 교회의 진통제 기능을 회복해야 할 때라는 생각이 든다. 더 나아가 진통제로 그치지 않고 근원적 치유 기능을 되찾아야 할 텐데, 걱정이다.

박현숙 그림

○

'우리'가 '편가르기'가 되지 않기를

얼마 전 세종시 한 아파트의 입주민 대표회의 주민 대표가 사퇴했다. "우리 아파트에 사는 아이들을 이웃한 임대아파트에 사는 아이들과 같은 학교에 보낼 수 없다"는 공지문을 붙인 까닭이다. 아직도 이런 일이 있나 싶어 참 슬펐다.

우리! 좋은 대명사다. '나와 너'를 '우리'라고 지칭한다. 그런데 이럴 때 '우리'는 자칫 잘못하면 편가르기식 우리일 수 있다. 나를 포함한 내 편만 '우리'일 뿐 나의 이익에 반하거나 생각이 다르면 '우리' 속에 끼워 주지 않는다. 그러나 이렇게 배타성을 지닌 '우리'는 이기적 욕망의 덩어리일 뿐! '우리'라는 따뜻한 대명사를 욕되게 하는 것이리라.

'나와 너'를 뛰어넘는 '우리'! 이해관계를 넘어서고 내 욕심을 내려놓을 수 있는 '우리', 그 '우리'를 위해서는 기꺼이 내가 좀 손해 볼 수 있어야 한다. 그런 '우리'가 내게 행복이 되고 세상을 아름답게 하는 것이다.

목회하면서 '우리 교회', '우리 목사님'이라는 표현을 많이 듣는다. 참 따뜻하다. 그러나 그것이 내가 다니는 교회와 목사에 머무르는 것이라면 이기심의 다른 표현일 뿐이다.

'나와 너'를 뛰어넘어 '우리'를 이루면 주님도 거기 계신다. '임마누엘'의 뜻이 그렇다. '하나님이 우리와 함께 계시다!' 나에게만 함께하셔서 너를 이기게 하시는 하나님이 아니다. 나를 희생해서 함께할 수 없는 '너'와 '우리'를 만들 때 진정으로 주님의 임재를 온 몸으로 느낄 수 있다. 이기적 '우리'는 주님조차 밀어내고 말 뿐이다.

그러기에 '우리'를 이룰 때 조심해야 한다. 교회 안에도 배타성을 전제로 한 '우리'가 있다. 우리만의 천국을 만들고 싶고 우리가 다 갖고 싶은 욕망으로 뭉친 집단이라면 주님이 함께하실 것이라는 기대는 버려야 할 것이다. 힘을 모아 교회를 세우고 교단을 든든히 할 수 있는 '우리'여야 한다.

난 어떤 '우리'에 속했는가? 나의 '우리'가 결코 받아들일 수 없는 사람들을 정해 놓은 것은 아닌가? 그런 '우리'라면 그 아름다운 '우리'의 이미지를 망가뜨리고 말 것이다. 그러기에 나의 '우리'가 건강한 '우리'인지 살펴야 한다.

○

샛강이 살아야 바다도 살아납니다

무엇이든지 힘이 갑자기 한편으로 쏠리면 위험하다. 자동차든 사람이든 세상의 모든 것이 그렇다. 그래서 균형 잡는 기술을 찾아내는 것이다.

그런데 우리나라에는 걱정스러운 쏠림 현상이 있다. 교통의 발달로 더욱 가속화된 수도권 쏠림 현상이다. 이전에는 지방에도 명문대학이나 명문고등학교가 있었다. 그리고 나름의 특성화로 유명한 시장도 있었다. 그런데 이제는 전국 어디서나 서울에 와서 점심 먹고 쇼핑하고 영화 보고 집에 돌아가 저녁밥을 먹을 수 있게 됐다. 그래서 쏠림은 더 심해지고 운동장은 기울어져만 간다.

문제는 교회다. 코로나19로 자극받은 온라인이 물리적 거리를 뛰어넘어 쏠림을 부추겼다. 제주도를 포함해 서울에서 비교적 멀리 떨어진 곳에서도 서울의 유명 교회에 소속할 수 있게 됐다. 이동 능력이 뛰어난 젊은이들의 쏠림 현상은 더욱 심하다. 직장이든 배우자든 선택의 폭이 넓은 교회로 몰리는 것이 이제 자연스러워 보이기까지 한다.

이렇게 한편으로 쏠리다 보니 점점 영향력을 잃는 교회들이 늘어난다. 젊은 세대는 줄어들고 희망이 보이지 않은 채 쪼그라든다. 이제 버티는 것조차 버거워 보인다. 이런 쏠림 덕에 몇몇이 살아남았다고 이기거나 산 것은 결코 아니다. 더이상 유입될 길이 막히면 쏠림 혜택을 누리던 그들도 버티기 힘들어질 것이기 때문이다.

샛강이 마르면 큰 강도 마르는 법. 샛강이 살지 않고서야 강이든 바다든 살겠는가? 이런 쏠림을 보며 교회 생태계를 고민한다. '네가 죽어 내가 사는' 것은 살아도 사는 것이 아니며 함께 죽음으로 가는 길일 뿐이다. 따라서 의식과 가치관을 바꿔야 한다. 교회의 메시지가 바른 길을 깨우치고, 성경적 가치관을 제시해 정상적인 균형을 잡도록 해야 한다. 내교회를 살리겠다고 복음을 왜곡하지는 말아야 한다. 이런 고민을 하던 차에 일부 정치권에서 그렇지 않아도 쏠림이심한 '서울'을 더 넓히겠다고 한다. 이래저래 '쏠림'에서 벗어난 균형 잡힌 세상 만들기가 너무 버거워 보인다.

○

교회는 사람을 위해 존재합니다

길을 걷다 보면 육교와 지하보도를 곳곳에서 쉽게 만나던 시절이 있었다. 보행자의 안전보다는 차량 운행의 효율성을 위한 구조물이었다. 노약자의 보행권 희생을 담보한 것이었다. 그런데 요즘 자동차가 훨씬 많아졌지만 육교 등의 구조물은 거의 찾기 어려워졌다. 대신 도로 곳곳에 횡단보도가 늘어났다. 심지어 교통량이 많은 사거리에 X형 횡단보도까지 생겼다. 사방의 모든 차량을 정지시킨 채, 보행자가 가고 싶은 곳 어디로든 대각선으로도 쉽게 건널 수 있게 한 것이다.

우리나라에 등록된 차량은 2,500만대를 넘어섰다. 그런데 그 많은 차량보다 사람을 위한 교통정책으로 전환한 것이다. 매우 다행스러운 일이다. 그 많은 자동차 사이에서 불편해하는 사람이 보이기 시작한 것이다.

사람보다 차량이 우선인 세상은 아무리 성능이 뛰어난 자동차가 많더라도 선진사회라 할 수 없지 않을까? 사람을 위해 존재하는 자동차여야 하는데 그 가치가 뒤집혔기 때문이다. 그 무엇보다 사람이 우선되어야만 건강한 세상이라 할 수 있다.

교회도 사람을 위해 존재한다. 한국 교회의 부흥기에는 '교회를 위한 사람'이라는 생각이 컸다. 교회에 초점을 맞추어 살아가는 사람을 신앙이 좋다고 판단했다. 그러나 성경은 교회가 사람을 위해 존재한다고 말씀한다. 교회를 통해, 동역자를 통해 하나님을 향한 신앙을 더욱 단단히 붙잡을 수 있는 것이다. 나 혼자는 믿음을 지키기가 어렵다. 그러나 우리가 교회에서 주님을 머리 삼고 서로가 지체로서 섬긴다면 천국에 이르는 날까지 신앙을 지킬 수 있지 않겠는가? 사실 사람이 하나님을 위해 무엇을 할 수 있겠는가? 기껏 한다면 사람을 존중하고 사랑할 뿐이다. 그리고 그것이 곧 하나님을 사랑하는 것이다.

목사인 나 역시 사람을 위해 존재한다. 교인이 목사를 아끼고 사랑하는 마음을 갖는 것은 물론 아름다운 일이다. 그러나 그것은 목사가 사람을 뜨겁게 섬길 때 나타나는 열매여야지 교육의 결과나 도그마여서는 안 된다. 사람을 위해 사역하는 목회자는, 교인들 역시 사람을 위해 살아가도록 격려할 것이다. 사람이 교회를 위한 존재해서는 안 된다. 사람을 위한 교회임을 구체적으로 드러낼 때 이 땅의 교회는 그 위상이나 존재 가치가 높아질 것이다.

집 앞의 서초역 사거리를 건너려면 지하 통로를 이용했었다. 그런데 그 위에 횡단보도가 생겼다. 편리한 횡단보도를 건너면서 든 생각이다.

박현숙 그림

part10.

목사로 산다는 것

○

나는 아직도 배우는 중입니다

레오나르도 다빈치, 라파엘로와 함께 르네상스 3대 거장 중 하나인 미켈란젤로는 원래 조각가였다. 그런 그가 로마 시스티나 예배당의 천장화 "천지창조"를 그렸다. 프레스코 기법의 이 작품을 4년 만에 완성했다. 1608년 교황 율리우스 2세의 명에 따라 시작한 일이다. 처음 교황의 요구는 열두 사도를 그려달라는 것이었지만, 미켈란젤로는 그리고 싶은 "천지창조"로 방향을 잡았다.

그로서는 회화작업이 처음이었고, 작업 과정도 쉽지 않았던 모양이다. 마르지 않은 회칠 위에 그려야 하는 프레스코 작업에서, 처음에는 곰팡이가 피거나 변색 등 시행착오를 겪었다. 수분 농도를 조절한 후에야 제대로 그릴 수 있었다. 그렇게 힘들던 작업이 마무리 단계에서는 속도가 붙었다고 한다.

그렇게 "천지창조"를 완성했을 때, 그는 87세였다. 대작을 완성한 그는 스케치북 한쪽에 '안코라 임파로'(Ancora Imparo)라고 썼다. '나는 아직도 배우고 있다'는 의미다. 그 나이가 되려면 20년 이상을 더 살아야 하는 나로서는 고개가 숙여진다. '아직도 배운다'는 자세 때문이다. 최고의 자리에서 이런 고백은 쉽지 않은 일이리라.

목사로 살아가면서 시달리는 중증 질병이 있다. 다 된 줄 알고, 또 다 아는 것처럼 잘난 척하는 것이다. 교회와 목회에 관해서야 그렇다 치더라도, 때로는 전문 분야가 아님에도 훈수를 두려는 이 못된 병은 치료도 잘 안 된다. 역사 공부를 한 나로서는 '세상 모든 것의 역사'를 조금씩은 알고, 또 다양한 분야에 대해 흐름을 읽어 낸다는 것이 더 심한 병증을 드러내는 것 같다.

안코라 임파로! 그렇다. 난 아직도 배우는 중일 뿐이다. 매일 하는 설교도 배우는 태도가 아니면 실패의 연속일 텐데, 이것을 떨치기가 왜 이리 어려운지 모르겠다. 교만에서 벗어나야 목사로서 '겸손'의 미덕도 보일 수 있을 텐데. 바울의 "나는 날마다 죽는다"는 고백이 불쑥 떠오른다. 모든 세상 욕망이 다 죽고, 오직 예수 그리스도만 살아 있을 것 같은 바울도 그랬는데. 그래, '매일 죽고' 또 '아직도 배운다'는 태도를 잃는다면, 목사가 아니라 참된 그리스도인도 되기 어려울 것이다.

○

정확한 하늘의 음성을 재생하세요

나는 B브랜드의 '이어폰'을 사용한다. 쓰는 내내 참 만족스럽다. 아직 더 좋은 이어폰을 사용해 보지 않아서일 수 있다. 하지만 내 귀에 전달되는 소리는 편안하고, 음악의 분위기도 살려 준다는 생각이 든다. 내겐 다른 브랜드의 이어폰도 있다. 그것 역시 꽤 좋은 것이긴 한데, B와는 비교가 되지 않을 정도다. 고음이 너무 두드러져서 B이어폰으로 들을 때만큼 편치 않다.

이어폰을 쓰면서 하나님이 들려주시는 소리에 대해서도 생각했다. 하나님은 음성을 내게 들려주신다. 그런데 문제는 하나님의 그 음원을 내 귀가 제대로 듣지 못하는 것이 아닌가 걱정이다.

이어폰 문제! 그렇다. 그 귀한 말씀, 수준 높은 하나님 소리를 듣는 데 방해하는 잡음이 들리거나, 일부 주파수 대만 키워 주어 왜곡된 소리가 들린다. 질이 떨어지는 이어폰처럼 내 귀가 제대로 듣지 못하기 때문이다.

목회자요 설교자로 사는 나는 하나님의 그 소리를 제대로 들어야 하는 동시에 그것을 전달하는 이어폰과 같은 사람이기도 하다. 과연 내가 하나님의 소리를 제대로 전달하고 있는지. 이어폰의 질이 떨어져 좋은 소리를 재생하지 못하는 것처럼, 영적 수준을 건강하게 유지하지 못해서 잡음만 내는 것은 아닌지 걱정스럽다.

그래서 늘 기도한다. 내가 정확한 하나님의 소리를 재생해 내는 이어폰 역할을 하기를. 또 예배당에 앉아 그 소리를 듣는 나의 구독자들이 바르게 들을 수 있는 귀를 갖기를. 내가 듣지 못하는데 어찌 바른 소리를 낼 수 있겠는가? 스데반은 그것을 '할례 받은 귀'라고 하였다.

모두 하나님의 그 소리를 정확하게 들을 수 있다면 교회가 더 교회다워질 것이다. 설교자들은 음향 시설에 과도할 정도로 신경 쓴다. 그러나 고가의 음향 시설보다 더 중요한 것은 설교자가 정확한 하늘의 음성 재생 기능을 탑재하는 것임을 기억해야 한다.

○

말씀에 불순물이 없기를 바랍니다

〈수리남〉이라는 OTT 콘텐츠가 한때 뜨거운 감자였다. 대서
양 연안에 위치한 수리남공화국으로부터 항의를 받기도 했
단다. 그동안 수리남공화국은 마약국가라는 이미지를 벗어
버리기 위해 애써 왔으니, 그 입장이 충분히 이해된다. 드라
마 제목이 국가 이름이고 내용도 불법 마약 거래 등이기에
국가 이미지 훼손이 왜 없겠는가?

그런데 기독교계의 분노도 만만치 않다. 주인공 전요환은
돈이 되는 일이라면 무엇이든지 하는 인간이다. 코카인을
주님의 은총이라고 말하는 그는 마약 밀매는 기본이고 살인
까지도 마다하지 않는다. 그런 전요환의 극중 직업이 목사
란다. 목사로 가장하지만 사악하기 그지없는 인간이다. 드
라마 시청자들에게 목사나 교회에 대한 부정적 이미지를 심

어 줄 수밖에 없지 않을까? 일반인들이 사이비와 정통 기독교를 구분하는 것은 쉽지 않다. 그러므로 이런 내용의 드라마는 교회에 심각한 타격을 줄 수 있다. 이런 소재가 드라마에 자주 등장하는 것에 대해, 교회는 고민하며 스스로를 살펴야 할 것이다.

그런데 드라마 속 한 장면에 내 시선이 꽂혔다. 전요환이 성찬식을 하면서 포도주에 마약을 섞는다. 그래서 마약 중독자를 만들어 낸다. 그 장면을 접하면서 나를 돌아보았다.

나는 성도들에게 순수한 복음과 하나님의 말씀만 전하고 있는가? 혹시라도 포도주에 마약을 섞듯, 하나님의 말씀에 불순물을 섞어 넣는 것은 아닌가? 누구라고 말할 수 없지만, 이미 상당히 많은 강단에서 불순물이 첨가된 말씀이 선포되었고, 선포되고 있다. 그것은 중독성이 강한 마약 같아서 바로 잡기가 쉽지 않기에 큰 문제다.

나를 더 세밀하게 들여다본다. 순수한 말씀만을 선포하는가, 아니면 말씀은 다 잊은 채 섞여 들어간 이런저런 불순물에만 집중하게 만들지는 않는가? 역사 속에서 진리는 그렇게 왜곡되어 오지 않았는가? 드라마가 내게 이런 질문을 던진다.

○

소음 대신 좋은 소리를 내고 싶습니다

누구나, 어디서나 스마트폰을 쥐고 사는 세상. 횡단보도 앞에서조차 스마트폰에 매달려 보행 신호가 켜진 것도 모를 정도다. 불안해 보이긴 하지만, 그렇다고 그들이 내 삶을 방해하지는 않는다.

그러나 조용한 산책길에서 이어폰도 없이 스마트폰으로 트로트를 들으며 앞서가는 사람은 내 귀를 몹시 불편하게 한다. 지하철 안, 스마트폰이 전달하는 영상에 푹 빠져 그것이 소음이라는 것을 모른 채 볼륨을 높인, 스마트하지 않은 옆자리 승객도 내 평온을 깨뜨린다. 이쯤 되면 누군가에게 유용한 정보전달자인 스마트폰이 소음 발생기일 뿐이다. 정보일 수 있고, 즐거움일 수 있는 그 소리가 주변의 누군가에게는 소음이고 조용한 시간을 방해하는 잡음이 된다는 것을 왜 모를까?

산책길의 자연스러움을 깨뜨리는 현수막이 눈에 들어온다. '나에게 즐거운 음악이 누군가에게는 소음일 수 있습니다.' 저걸 보면 막무가내로 소음을 발하는 그 사람은 소리를 줄일까 싶지만 별 기대는 되지 않는다.

나는 누구보다 많은 소리를 내며 사는 사람이다. 더욱이 그것을 소명으로 여기며 자부심을 갖는다. 물론 듣고 싶어 찾아온 사람들에게 들려주어야 할 소리를 낸다고 생각하는 나다. 그러나 그것도 치밀하게 준비하지 않고, 깔끔하게 정제하지 않으면 소음이고, 잡음이 될 수도 있을 것이다.

그래서 내 입에서 나가는 소리가 소음이 되지 않아야 한다는 강박에 사로잡힌다. 또 듣는 누군가를 지루하게 하거나, 눈 감게 해서도 안 될 것이라는 의무감에 늘 긴장한다.

내가 생산하는 그 소리가 누군가를 눈물짓게 하고, 누군가에게는 미소를 머금게 할 수 있다면 좋겠다. 또 지쳐 있는 이에게는 위로를, 앞이 캄캄한 사람에게는 희망이 되는 가치 있는 소리이기를. 그래서 나를 세우신 그분이 잔잔히 미소 지으시기를 바란다.

공연히 데시벨만 높이며 내 감정을 쏟아낸다거나, 불순한 의도가 섞인 잡음으로 그치지 않으려면 어찌해야 할까? 나 역시 소음 발생기로 전락하지 않으려면 정신을 단단히 하고 성도들 앞에 서야겠다.

듣고 싶지 않은 소리로 나의 조용한 산책을 방해하는, 그렇게 앞서가는 사람의 뒷모습을 바라보며 떠오른 생각이다. 난 할 수 없이 속도를 높여 그를 추월해 버렸다. 그렇게 소음은 내게서 멀어졌다.

박현숙 그림

○

기교만 부리지 말고 기본을 챙기세요

피아노를 배울 때 무엇보다 기본이 중요하다. 기본에 충실하면 피아노를 연주하는 손가락 움직임이 달라진다. 어디 피아노뿐이겠는가? 그것이 서예든, 그림이든, 수영이든, 무엇이든지 그렇다. 이렇듯 뛰어난 연주자며, 실력을 갖춘 운동선수라도 기본이 탄탄하지 않으면 한계에 부딪히는 것이다.

인생도 어린 시절 가정에서 그 기본을 배운다. '도대체 기본이 되어 있지 않다'라는 한탄은 그래서 나오는 것이다. 가정에서 배운 기본을 학교에서 든든히 다지는 과정을 거치면서 사회화로 연결된다. 그렇게 가정과 학교에서 배운 인생이 평생을 좌우하는 것이다.

그렇다. 기본이다. 그런데 기본이 되지도 않았는데 기교만 부리려는 모습을 본다. 노래의 기본도 되지 않은데 기교를 부려 잠깐 박수를 받을지 모르지만, 결국 그 바닥이 드러난다. 〈전국노래자랑〉에서 자주 보는 장면이 있다. 노래는 못하면서 춤부터 요란하다. 물론 "땡" 소리가 이어지지만 아랑곳하지 않는다. 그래도 그것은 재미나 있지.

그리스도인의 신앙도 기본이 중요하다는 것을 누가 모르랴? 주님은 기본을 제자들에게 가르치셨다. 그 기본 위에 교회가 든든히 서야 어떤 세력도 흔들 수 없는 것이다. 그런데 기본도 되지 못한 사람이 교회에서 열정으로 잠깐 주목을 받기도 한다. 그래 봐야 오래가지 못한다.

목회도 역시 기본. 그리고 목회자의 필수 사역인 설교 역시 기본이다. 나는 신학교에서 기본을 배우기도 했지만, 좋은 목회자 아래 현장에서 기본에 충실하도록 훈련받은 것을 복으로 여긴다.

그 덕에 목회의 리스크를 줄일 수 있었다. 설교도 기교보다는 오직 성경 본문에 충실하게 매달리는 것이 습관이 되었다. 수십 년 동안 무슨 설교를 할 것인지 고민하기보다 '성경 읽기'라는 기본을 지키고 산다. 그렇게 읽어 가면 설교가 쏟아진다. 기본대로 읽고 또 읽다 보면 중요한 메시지들이 구슬을 꿰듯 정리되고 스토리는 물 흐르듯 나온다.

그런데 이런 기본도 없이 이것저것 끌어다가 그럴듯하게

기교만 부리려는 설교자가 보인다. 꽤 좋은 평가를 받기도 한다. 그러나 결코 오래갈 수 없다. 좀 오래간다 치더라도 기본기가 없는 기교꾼으로서, 교회의 토양을 망가뜨리지 않겠는가.

박현숙 그림

○

부끄럽지 않은 삶을 살겠습니다

'밀러 채플'은 미국 프린스턴신학교의 상징과도 같은 학교 예배당 이름이다. 이 학교의 교수였던 '사무엘 밀러'를 기념하기 위한 예배당이었다. 1834년 이후 지금까지 사용해 왔는데, 이 이름이 사라진다. 학교가 예배당 이름을 바꾸는 작업을 하고 있단다. 당분간 '세미너리 채플'로 부르기로 하고 새 이름을 위한 위원회를 구성하기로 했다.

무슨 이유일까? 사무엘 밀러(Samuel Miller)는 프린스턴신학교의 1세대 교수이자 장로교 목사였다. 그와 관련한 연구에 따르면 밀러는 공식적으로는 노예제를 반대하는 사람이었다. 그러나 그가 일생동안 흑인 노예를 부렸던 사실이 확인된 것이다. 프린스턴신학교는 역사적 기록으로 이것을 확인한 이상 계속 그 이름을 채플에 붙여 놓을 수 없다고 판단했다. 프린스턴신학교 이사회가 '지난날의 잘못을 회개하고 새로운 미래를 향해 도약하기 위한' 조치를 한 것이다. 우리에게도 익숙한 '역사 바로 세우기'라고나 할까? 프린스턴신학교의 이 쉽지 않은 결정에 경의를 표하고 싶다.

사실 밀러가 활동하던 당시에 노예를 부리는 일은 흔했다. 그러나 그 시대에도 하나님의 말씀은 결코 그것을 지지하지 않았다. 밀러는 노예제도를 반대하는 목사이며 교수였지만 현실적 한계를 뛰어넘기는 어려웠던 모양이다. 그래서 현실과 타협했던 그는 지금 그 대가를 치르고 있다. 대가로서는 참 잔혹하다. 역사적 기록에서 이름이 지워지는 것은 존재가 사라지는 것과 다르지 않을 것이니.

내가 알고 또 믿는 대로 삶을 가꿔야 한다는 교훈을 주는 것이리라. 목사로 살아가는 나 역시 믿는 것과는 다른 삶에 익숙한 것은 아닌지 돌아본다. 말씀을 잘 알고 가르치는 사람이기에 더 큰 책임이 있는 나는 갑자기 그 무게를 느낀다. '산정현교회 담임목사 김관선'이 오고 또 오는 후대에 부끄럽지 않아야 한다는 무게 말이다.

한 치 앞도 모르는 내가, 앞으로 20년쯤 지나도 이 세상에 살아있을 것 같다는 부질없는 생각을 한다. 그런데 만일 그때 산정현교회가 갑자기 내 이름을 교회 역사에서 지우고 싶어 한다면 '나'라는 존재는 살아 있어도 살아 있는 게 아니겠지.

○

종군기자의 사명의식이 내게도 있는가

잉그리드 버그만(Ingrid Bergman)을 기억하는가? 그녀는 스웨덴과 할리우드를 무대로 활동하며, 세 번에 걸친 아카데미상, 네 번의 골든 글로브상과 에미상, 토니상 등을 휩쓴 전설적 여배우다.

그런데 그런 여배우의 청혼을 거절한 종군기자가 있었다. 바로 퓰리처상 수상자이자 20세기 최고의 사진작가라고 평가되는 로버트 카파(Robert Capa)다. 헝가리 출신의 유대계 사진작가인 그는 '총알 사이로 셔터를 누른' 기자로 알려져 있다. 그는 노르망디상륙작전에 직접 뛰어들어 생생한 기록사진을 남긴 것으로도 유명하다. 노르망디상륙작전은 10만 명이상의 전사자를 내면서 결국 2차 대전에서 연합군 승리의 물꼬를 튼 전설적 작전이다.

그는 41년이라는 짧은 생애에 다섯 차례나 전쟁터를 누볐다. 카파라는 이름을 전 세계에 알리게 된 스페인 내란, 일본군의 잔악한 학살과 중국의 처참한 현실을 온 세상에 드러낸 중일전쟁뿐이 아니다. 1954년 그의 삶을 마감하게 만든 인도차이나전쟁(프랑스와 베트남)에도 몸을 던졌다. 그의 기자로서 투철한 사명의식은 '카파이즘'이라는 관용어를 만들어 냈다. 총알이 쏟아지는 전쟁터에서도 죽음을 두려워하지 않고 생생한 장면을 한 장의 스틸사진에 담아내는 기자 정신을 일컫는다.

카파는 전쟁터의 군인들을 위문하던 버그만과 현장에서 만나 관계가 발전하던 중 그녀의 청혼을 받았다. 하지만 카파는 전쟁터를 뛰어다녀야 했기에 그 아름다운 여배우의 청혼을 거절했다. 보통 남자는 아닌 것이 분명하다.

목사로서 주님 나라를 위해 헌신을 다짐한 나는 이런 카파이즘을 가지고 있는지, 그 역할에 대한 사명감은 얼마나 철저한지 묻게 된다. 영적 전쟁터를 뛰어야 하는 목회자로서 몸의 편안함과 세상의 즐거움보다 주님이 맡기신 일에 대한 열정이 더욱 커야 할 것이다. 그런데도 한 교회를 25년째 섬기다 보니 긴장감이 무너지고 안일함에 빠져 있지는 않은지.

카파는 전쟁터를 뛰어다니며 인간의 자유와 휴머니즘을 지키려다 인도차이나 전쟁터에서 지뢰를 밟아 죽는 치열한 직업의식을 보여 주었다. 그런데 한국 교회를 지키기 위한 최전선에 서 있는 나는 과연 이런 각오로 뛰고 있는지 고민한다. 온갖 도전에 부딪힌 한국 교회의 현실은 그렇게 녹록하지 않다. 전장 같은 현실에서 교회를 지켜 가야 할 내가 방향을 잃고 그 전선을 이탈하고 있는 것은 아닌지, 달콤한 유혹에 발목 잡히지 않고 최전선에 굳게 서 있는지, 스스로 묻는 나는 부끄러움을 감출 수 없어 얼굴이 붉어진다.

○

교회가 저지른 실수에 변명을 얹지 말자

비폭력 운동으로 흑인 차별에 저항하면서 노벨평화상까지 받은 마르틴 루터 킹(Martin Luther King) 목사. 그는 비폭력 기조를 포기하지 않았다. 같은 흑인운동가였던 말콤 엑스(Malcolm X)와 다른 면이었다.

침례교 목사의 아들인 말콤 엑스는 사고로 아버지를 잃고 어머니는 정신병원에 입원하는 등 험난한 삶을 살았다. 그러나 보호시설에서 학교를 다니면서도 열심히 공부했고 반장이 되기도 했다. 그런 그가 선생님에게 변호사가 꿈이라고 하자 "현실적으로 생각해라, 목수가 어떠냐?"는 말을 들었다. 말콤 엑스가 가장 인간적이라고 여겼던 선생님에게서 들은 말이기에 실망이 매우 컸다. 당시 백인우월주의 사회에서 선생님은 현실적인 조언을 한 것이겠지만, 흑인을 거부하는 사회 분위기에서 그는 결국 학업을 포기했다. 이렇게 상처 많은 그는 마르틴 루터 킹과는 다른 급진적 흑인운동가가 된 것이다.

그런데 그의 생애를 보면서 내가 가장 충격적인 것은 목사의 아들인 그가 기독교 신앙을 버리고 이슬람교로 개종했다는 것이다. 그 이유가 기독교인들이 앞장서서 흑인을 차별하는 것으로 보였기 때문이다. 같은 흑인운동을 하는 마르틴 루터 킹에 대해서도 백인들과 친하게 지낸다는 이유로 불편한 시선을 보냈다. 이슬람으로 개종한 말콤 엑스는 '네이션 오브 이슬람'이라는 단체를 만들어 이슬람식 과격한 흑인운동을 펼친다.

이런 기록을 보며 난 마음이 매우 무겁다. 기독교는 역사 속에서 많은 잘못을 저질렀다. 이슬람에 대한 무자비한 살육이 수반된 십자군 전쟁, 제국주의 시대에 기독교 국가들의 식민지 전쟁과 원주민에 대한 만행도 고스란히 남은 역사다. 미국 남부 기독교인들의 유별난 흑인 차별 역시 반기독교 정서에 빌미를 제공한 것이다. 시대적 한계라고 변명하지 말자. 엄연히 반성경적 태도다. 성경보다 시대적 흐름을 앞세우는 그런 태도는 오늘날도 다르지 않아 보인다. 그것이 교회를 희망적으로 바라보지 못하게 하는 이유가 아니겠는가?

○

주님께 손드는 것 말고는 방법이 없습니다

평판이 좋은 의사 지킬, 마음속에서 꿈틀거리는 악한 욕망
이 그를 괴롭혔다. 모든 사람의 존경을 받지만 어두운 시간
이 되면 괴로웠다. 그는 개발한 약을 이용하여 밤과 낮이 서
로 다른 삶을 산다. 약을 먹으면 밤에는 악한 본성을 마음껏
드러내는 하이드가 된다. '숨긴다'라는 뜻의 하이드(Hide)로
밤을 살아가면서 자기 속의 악한 욕망을 마음껏 표출한다.
낮의 선한 모습은 지킬의 몫이었다. 그런데 시간이 지나면
서 지킬 안의 하이드가 강해진다. 약을 먹었는데도 지킬로
돌아오지 않아 더 많은 약을 먹어야 했다.

그렇게 시간이 지나니 약을 먹지 않아도 하이드가 될 수 있
었다. 그런 하이드의 악한 본성이 더 강해지면서 더 이상 지
킬로 살 수 없을 정도가 된다. 그는 결국 고통스러운 생을 마

감하고 만다. 그렇게 하이드로 죽는다. 로버트 루이스 스티븐슨(Robert Louis Stevenson)이 그럴듯한 상상력으로 1886년에 쓴 소설《지킬 박사와 하이드 씨》의 내용이다.

이 소설을 읽으면서 '나'라는 인간의 내면을 어떻게 이렇게 잘 그렸나 싶었다. 목사로 살아가는 지금의 나 역시 지킬의 갈등을 한다. 지킬처럼 교인들에게 꽤 괜찮은 목사로 비춰지지만, 내 속의 하이드를 느낄 때가 있다. 때로는 하이드가 이끄는 대로 사는 것 같아 놀랄 때가 많다.

사람의 시선에 좋은 목사로 보이려 애쓴다. 낮의 지킬처럼 말이다. 그러나 밤이 찾아오는 것을 어쩔 수가 없다. 내 속에서 꿈틀거리는 욕망이 스멀스멀 기어 나오는 것이다. 때론 원치도 않았는데 불쑥 튀어나오기도 하니 나는 도대체 누구인가?

하긴, 바울도 이 두 개의 '나' 사이에서 고민했다는데, 나라고 별 수 있나? 소설에서는 지킬이 약을 먹고 하이드가 된다. 그런데 약의 힘을 빌리지 않고도 하이드로 사는 나를 발견하니 당황스러울 뿐이다.

우리는 누구나 태어날 때부터 내면에 악을 행할 기능을 장착한 채 태어난 인간일 뿐이다. 그걸 벗어버리도록 내 안에 거하신 성령께서 나를 격려하신다. 그래서 30여 년째 꽤 괜찮은 목사로 살아가는 모양이니 주님께 손을 들 뿐이다.

주 앞에 거룩한 삶

○

뿌듯한 하루가 되기를 바랍니다

〈이상한 변호사 우영우〉는 자폐 스펙트럼 장애를 가진 '우영우'가 변호사로서 성장해 나가는 이야기를 그린 드라마다. 이 드라마의 마지막 장면이 기억에 남는다. 다른 공간으로의 변화가 늘 불안했던 우영우에게는 회전문 통과가 늘 숙제처럼 남아 있었다. 그런데 정규직 전환 후 그는 회사 회전문을 그만의 리듬을 타며 혼자 힘으로 통과한다. 그리고 늘 자신에게 따뜻하게 대해 준 직장 동료에게 환한 웃음을 담아 마지막 말을 남긴다.

"오늘 아침 제가 느끼는 감정의 이름은 바로 '뿌듯함'입니다."

누군가에게는 쉬운 일조차도 장애를 가진 사람에게는 힘겨운 일일 수 있다. 그런데 그 극복하기 어려운 장애를 뛰어넘는 주인공의 모습을 보며 모두가 미소를 지을 수 있었다. 따뜻한 시선과 격려, 그리고 협력이 그렇게 웃게 했다. 이상하고 별날 수밖에 없는 주인공의 삶을 가치 있고 아름답게 바꿔주는 그 이야기를 통해 시청자들도 '뿌듯함'을 느꼈으리라.

그런 생각을 나의 삶으로 끌어들여 보았다. 난 얼마나 이 '뿌듯함'이라는 감정을 자주 느끼며 살까? 일반적 시선으로 보면 '고상하고 차원 높은 일'을 하는 것으로 보이는 목회자다. 그런데 그런 내가 누리는 '뿌듯함'의 빈도는 얼마나 될까?

하루하루가 단순한 반복처럼 느껴지지 않아야 한다. 또한 다른 하나의 일을 해낼 때마다 창조적 에너지가 솟아나야 한다. 그럴 때 내 속에 솟아나는 감정의 이름이 '뿌듯함'일 것이다. 그러나 이런 간절함에도 불구하고 내 인생 드라마에서는 '뿌듯함'이 그렇게 쉬워 보이지 않으니 문제다. 나의 이런 심리적 어려움의 원인은 내 속에 오랫동안 둥지 틀고 있는 욕심인 듯싶다. 그것만 털어 내면 될 텐데 쉽지 않다.

그래도 나의 이 어려움을 뛰어넘게 하실 주님이 곁에서 격려해 주심을 느낄 수 있으니 나의 감각이 아주 무디기만 한 것은 아닌 것 같아 마음이 놓인다. 어디 주님뿐이랴? 나를 사랑하며 따뜻한 시선으로 바라보는 교인들이 있다. 그들이 내 그 '뿌듯함'에 한몫 단단히 해주고 있으니 난 이래저래 복 받은 목회자다.

○

예배도 본방사수 하세요

'본방사수', 인기 드라마의 경우 재방송이나 OTT를 통하지 않고 처음 방송되는 그 시간에 시청하는 것을 이르는 말이다. 밤늦은 시간이라도 본방송 시청을 위해 잠을 참고 기다리기도 한다. 가장 빠른 시간에 보고 말겠다는 의지의 표현이리라.

그러나 요즘 엠지(MZ)세대의 추세는 본방에 매달리지 않는다고 한다. 그 시간이 아니더라도 시청할 방법이 다양해졌기 때문이다. 복잡한 지하철에서 거북목을 하고서 들여다보는 휴대전화. 그것으로 온갖 콘텐츠를 제공받는다. 언제든 내가 편안한 시간, 또는 남는 시간에 보고 싶은 콘텐츠를 접할 수 있게 되었다. 휴대전화가 아니더라도, 디스플레이 기술의 발달로 대형화면으로 온갖 비디오 서비스를 받을 수 있게 되었다.

코로나19로 온라인 예배가 확산되면서, 예배에도 이런 추세가 반영된 것 같다. 굳이 예배 시간을 맞출 필요가 없어진 것이다. 온라인으로 실시간 예배가 서비스되지만 언제든지 보고 싶을 때 볼 수 있고 몇 번이고 다시 볼 수 있기 때문이다.

신앙생활에서 예배가 얼마나 소중한가? 다른 어떤 것을 못하더라도 예배만큼은 반드시 지켜야 하지 않은가? 그런데 예배를 본방사수하려는 의지가 부족해 보인다. 예배도 영상 서비스가 언제든지 제공되다 보니, 보고 싶은 시간이나 편안한 시간 그리고 여유가 있을 때 시청하는 추세다. 어느새 예배자이기보다 시청자요, 영상 콘텐츠 소비자가 되고 있다. 본방사수를 하지 않더라도 언제든지 서비스를 받을 수 있는 세상에서 예배조차 그렇게 흘러가는 것 같다. 각자의 형편에 맞춰 원하는 시간에 예배하는 현재의 이 현상을 어떻게 받아들여야 할지 고민이다.

현장에 가지 않고도 가능한 온라인 예배. 그나마 시간이라도 지켰으면 좋겠는데 그렇지 않은 것이 현실이다. 실시간 접속자보다 뒤늦게 연결되는 숫자가 훨씬 많은 것을 보며, 이 현상을 그나마 다행스럽게 여겨야 하는지 목회자의 고민은 더 깊어진다. 20년이 넘도록 예배한 성도조차 코로나19가 극성이던 2년 동안의 학습으로 온라인 예배가 더 익숙하다는 반

응이다. 그래서 목회자이기 전에 예배자로서의 고민이 깊어
만 간다.

박현숙 그림

○

주님 앞에는 깨끗한 손만 가져갑시다

코로나19 이후 달라진 현상 중 하나가 손 세정제 사용과 손 씻기의 생활화다. 이제는 손 소독이 필수는 아니지만, 그래도 문화처럼 남아 있다. 이제 손 씻는 6단계가 익숙하다. 공공장소 곳곳에 친절한 그림과 함께 게시되어 있다. 이런 손 씻기는 매우 좋은 습관이다.

손 씻기는 이것만으로도 여러 질병을 예방할 수 있는 매우 중요한 위생관리법이라고 한다. 우리는 매일 셀 수 없을 만큼 손을 움직이고 있고, 온갖 물건이나 사람을 접촉할 때 손을 사용한다. 그리고 그 손으로 음식을 먹는다. 따라서 손을 깨끗이 하는 것은 자신의 건강을 지키는 것이리라.

그러나 여전히 수도 시설이 잘 되어 있지 않은 여러 나라에서는 손 씻기가 생활화되어 있지 않다. 수돗물이 우리처럼 보급되지 못해 손을 씻는 것조차 힘든 나라가 의외로 많다. 화장실에서도 휴지 대신 물로 뒤처리를 해야 하는 나라인데, 물이 없으니 씻지 못한다. 그래서 내가 섬기는 교회는 곳곳에 우물을 파 주고 있다. 지하수를 개발하고 수도 시설을 마련해 준다. 주로 초등학교 운동장에 많이 하고 있다. 한 개를 만들기 위해서 300만 원 정도를 들여야 하는 우물을 벌써 200개 이상 공급했다.

손을 깨끗이 하라고 성경은 말씀한다. 가장 유명한 손 씻기는 빌라도가 예수님을 십자가에 내어주면서 한 행동이다. 그것으로 절대로 깨끗해질 수 없지만, 그는 세리머니(ceremony) 같은 손 씻기를 했다.

깨끗이 해야 할 것이 어찌 손뿐이겠는가? 마음의 손 씻기는 얼마나 자주 하고 얼마나 깨끗하게 하는지 생각해 본다. 그것은 손 세정제만으로는 불가능하기에, 내면의 손을 씻을 방법을 제대로 알아야 한다. 지금 난 손을 부지런히 움직여 이 글을 쓰고 있다. 그런데 이 내 손이 주님 앞에 내놓아도 괜찮을 정도로 깨끗한지 생각하니, 걱정스러운 마음을 감출 수 없다.

○

죄성은 우리 안에 늘 잠재되어 있습니다

아내가 대상포진으로 힘든 적이 있었다. 대상포진을 앓아 본 적이 있는 사람은 그 고통이 얼마나 큰지 알 것이다. 난 잠깐 스쳐 지나갔다. 아픔도 별로 느끼지 못했다. 다만 불편함과 기분 나쁨, 그리고 옆구리에 지워지지 않은 물집의 흔적은 기억한다.

대상포진은 우리 몸에 잠복해 있던 수두바이러스가 재활성되면서 발생하는 질환이다. 우리 몸의 면역력이 저하될 때 나타난다고 한다. 심한 통증과 지각이상 등이 동반되는 질병으로 고령자에게는 신경통이 합병되기도 하며 안면마비 등도 일어나는 위험한 질병이다. 그러나 발생 초기에 항바이러스제를 투여하면 큰 고생을 하지 않을 수도 있다. 소아에게는 흔하지 않으며 발생하더라도 증상이 경미하다.

그러고 보면 우리 몸에는 온갖 질병의 원인들이 잠재되어 있다는 것을 알 수 있다. 중년의 사망 원인 1위로 자리한 암을 일으키는 세포도 내 안에 존재하며 매일 그것들이 발생할 수도 있다고 한다. 다만 내 몸의 면역체계가 붕괴되지 않는 한 그런 악성 세포는 발현하지 않을 뿐이다. 내게는 나도 모르게 그것들을 죽이는 능력이 있으며 따라서 온갖 질병들을 잠재우는 것이다.

어디 몸 뿐이랴? 영적으로도 그러하니 몸과 영은 하나로 연결된 것이 틀림없다. 우리 안에 늘 잠재되어 있는 죄성, 그것은 언제든지 활성화하면 '사람이 어떻게 그럴 수 있을까' 싶은 죄를 저지를 수 있는 것이다. 결국 면역력이 문제다.

영적으로 건강하면 잠재된 죄악의 바이러스는 활성화될 가능성이 매우 낮다. 혹시 발병하더라도 잘 극복된다. 그러나 영적 면역력이 약화되면 그것이 내 안에서 언제든지 나를 쥐고 흔들 것이라 생각하니 긴장하지 않을 수 없다.

오늘은 내 속에서 어떤 바이러스가 활성화될지, 그것이 내 안에서 꿈틀거릴 때마다 아프고 괴롭고 우울하다. 내 속의 악성 바이러스가 활성화된 것이고 영적 면역력이 약화되었다는 증거이리라.

그러기에 아침마다 영적 에너지를 공급받아 면역력을 강화하기 위해 하나님 앞에 엎드리며 영적 양분인 말씀을 묵상

한다. 아무리 바빠도 기도하는 시간을 빼놓을 수 없다. 신앙 생활을 하고 교회 공동체에서 열심을 낸다. 하지만 영적 면 역력을 유지하지 않으면 내가 교회 안에서 악성 바이러스 역할을 하지 않겠는가?

박 현 숙 그림

○

하나님 감시망을 피할 사람은 없습니다

CCTV가 가장 많이 설치된 나라는 중국이라고 한다. 중국의 상당수 도시가 CCTV 숫자에서 전 세계 순위 앞자리를 차지하고 있다. 서울을 비롯한 우리나라도 만만치 않다. 곳곳에 자리 잡은 편의점에도 이런 눈이 달려 있다. 그것이 범죄 예방이나 사건 해결에 기여하는 점도 있다. 그러나 사생활 침해 논란도 만만치 않다. 개인이 사회 활동을 하면서 하루 평균 130-150회 가량 CCTV에 노출된다는 연구 결과도 있다. 의식하지 않아도 내 모습이 곳곳에 기록으로 남는 것이다.

예배당 엘리베이터를 이용해도 기록되며 하늘정원에 올라가도 그 눈으로 나를 주시하고 있다. 내 차가 어디를 갔다 왔는지 숨길 수 없고 어떤 도로를 이용했는지는 물론 달리는 속도까지 기록한다. CCTV에 포위되어 살고 있는 느낌이다.

문득 하늘을 쳐다본다. 요즘 나의 주님을 CCTV만큼도 의식하지 않은 것 같아서다. 정말 의식해야 할 그분의 눈. 한시도 놓치지 않고 나를 보시는 그분의 눈을 피할 자가 누구겠냐만, 모른 척하며 사는 것 같아 깜짝 놀란다. 더욱이 내 생각까지 면밀히 살피시는 분임을 잊은 듯 그럴듯하게 나를 포장하고 명분도 만들어 왔다.

열심히 살다 보니 어느새 인생의 끝자락이다. 뭘 하며 살아왔는지 아득해지기도 하고 일부러 기억상실증 환자 흉내도 내보지만 그분의 눈을 속이고 또 그 기록까지 지울 수는 없다. 하루 150번이 아니라 한 순간도 노출되지 않을 때가 없지 않겠는가?

이렇게 생각하니 가식을 떨기가 너무 힘들다. 그냥 나의 누추함을 드러내는 것에 익숙해져야겠다. 강한 척할 필요도, 게으름을 숨길 수도 없지 않은가? 알면 어떻고 또 들키며 어쩌랴? 이게 난데. 누군들 특별하겠나? 웃고 싶으면 웃고 울고 싶으면 또 운다. 그렇게 나는 나로 살아야지. 설교에도 나를 가식 없이 드러내니 듣는 이들이 더 좋아한다. 그렇게 점점 나아지는 듯. 또 꽤 잘할 때도 있고 내가 나에게 박수를 보내기도 한다. 나를 가장 잘 아는 나다. 누가 봐서가 아니라 스스로에게 솔직해져 간다. 그러다 보니 더 편안해지고, 그런 나를 보시는 그분의 얼굴에도 미소가 번지는 것 같다. 내 착각만은 아닐 것 같다.

○

잘 나갈 때 조심하세요

러시아를 여행하며 크렘린 궁에 전시된 대포들을 볼 수 있었다. 나폴레옹이 패하면서 남겨진 대포들이다.

나폴레옹 군대의 1812년 6월 러시아 원정은 그의 몰락으로 이어졌다. 유럽 최강 나폴레옹 군대는 러시아 정벌로 유럽 전체를 손아귀에 넣을 것이라 생각했다. 쿠투조프 러시아군 총사령관은 후퇴만 했다. 그런데 나폴레옹 군대는 진격만 하다가 어느새 너무 멀리 갔다. 보급은 끊겼고 무더위와 굶주림으로 병사들은 쓰러졌다. 모스크바까지 진격하면 러시아가 항복하고 전리품을 챙길 것이라는 나폴레옹의 오판이 부른 참사였다. 텅 빈 모스크바에서 한 달이 넘도록 항복을 기다렸지만, 넓은 영토를 가진 러시아군은 후퇴만 할 뿐 행복하지 않았다.

그해 10월, 나폴레옹은 퇴각 명령을 내린다. 그러나 돌아갈 길이 까마득. 12월, 영하 38도까지 내려가는 혹한으로 대포는 얼었고, 프랑스 병사들의 군복에서 빛나던 은색 주석 단추들은 기온의 급강하로 부서졌다. 여름 군복으로 원정을 시작한 그들의 전투력은 바닥이었다. 상상도 못한 추위와 굶주림으로 병사들은 약탈하고, 서로 죽이고, 또 이탈까지 했다.

60만 명이 넘는 병력으로 시작한 러시아 원정은 겨우 4만 명만 살아 돌아왔다. 그중에 다시 전투에 나갈 만큼 온전한 병사는 1,000명 뿐. 추위를 고려하지 못했고, 또 원정 싸움에 필수인 보급에 실패한 결과였다.

차이코프스키의 〈1812년 서곡〉은 이 전쟁을 담은 장엄한 관현악 소품이다. 전쟁의 분위기를 잘 표현한 작품으로 종소리와 대포 소리가 돋보인다. 톨스토이가 쓴 명작 〈전쟁과 평화〉 역시 이 전쟁을 배경으로 했다. 나폴레옹의 패배는 러시아의 민족혼을 일깨운 셈이다.

다 이긴 것 같은데 왜 패했을까? 추위도 견디기 어려웠지만 무엇보다 너무 멀리 갔던 것이다. 보급을 확보할 수 없었다. 아무리 먼 원정이라도 보급만 제대로 되었다면 문제가 없었을 텐데 그것을 챙기지 못한 것이다.

우리 인생이 그렇다. 잘 풀린다고, 힘이 생겼다고, 또 모두가 내 앞에 굽실거린다고 막 나가다가는 위험해질 수 있다. 땅에서 아무리 큰 힘을 자랑해도 하늘로부터 보급이 끊긴다면 언젠가는 텅 빈 주머니를 보게 될 것이다. 이스라엘 백성들은 40년 동안 광야 생활을 했지만 하늘의 보급로가 끊기지 않았기 때문에 살 수 있었다. 세상에서 우쭐대다 보면 언젠가 닥칠 인생의 맹추위 앞에 쩔쩔매게 될 것이다. 하늘의 통로가 끊기고, 또 돌아갈 길도 너무 멀어 막막해질 수 있다. 조심해야지.

박현숙 그림